새

연세한국어
말하기와 쓰기 1

연세대학교 한국어학당 편

연세대학교 대학출판문화원

머리말

1959년 국내 최초로 외국인 대상 한국어 교육기관을 설립한 연세대학교 한국어학당은 이제 60년의 역사를 눈앞에 두고 있다. 연세대학교 한국어학당은 그간의 역사와 명성에 걸맞게 다양한 한국어 교재 편찬 및 관련 연구를 해옴으로써 한국어 교육을 선도해 왔다. 지금까지 전 세계에서 온 약 147개국의 14만 명에 이르는 한국어 학습자들에게 한국어와 한국 문화를 가르쳐 왔으며, 최근에는 오프라인 한국어 교육뿐만 아니라 세계 각국의 한국어 학습자들을 대상으로 글로벌 MOOC 강좌를 개설하여 학습자들로부터 큰 호응을 얻고 있다. 특히 최근 빠른 속도로 변화해 가는 교육 환경에 맞추어 새로운 교수법과 교수자료 개발에 힘을 기울이는 등 끊임없는 노력을 하고 있다.

연세대학교 한국어학당은 그간 일반 목적 한국어 학습자들뿐만 아니라 특수 목적 한국어 학습자들을 대상으로 정규과정, 단기과정, 대학 한국어 과정 등 다양한 교육과정을 개설 운영하면서 학습자의 요구에 부응하는 최상의 교재를 개발해 왔다. 이러한 교재들은 국내외의 한국어 교육 기관에서 교사와 학습자들의 다양한 요구를 충족시키며 양질의 한국어 교수·학습을 위해 널리 사용되고 있다.

연세대학교 한국어학당은 그간 가장 큰 호응을 받아 왔던 '연세 한국어' 1급~6급의 뒤를 이을 새로운 교재로 '새 연세한국어' 시리즈를 기획 출간하게 되었다. 이 교재의 개발을 위해 한국어 교육 현장 경험이 풍부한 전문 한국어 교육학자 및 교사들이 대거 투입되었고 최상의 한국어 교수법 및 학습자 집단의 요구에 대한 이해를 바탕으로 개발 작업이 장기간에 걸쳐 수행되었다.

이번에 출간된 '새 연세한국어' 시리즈는 총 6단계로 각 단계마다 어휘와 문법 교재, 말하기와 쓰기 교재, 듣기와 읽기 교재로 구성되어 있다. '새 연세한국어 어휘와 문법'은 한국어 학습자들이 각 숙달도 별로 가장 필수적으로 익혀야 하는 주요 어휘와 문법에 대한 이해와 활용을 중심으로 구성되었다. '새 연세한국어 말하기와 쓰기'는 원활한 한국어 의사소통을 위해 꼭 필요한 표현 기능을 수행할 수 있도록 말하기, 쓰기 과제를 중심으로 구성되었다. 또한 '새 연세한국어 듣기와 읽기'는 듣기, 읽기 과제를 중심으로 각 급별 숙달도에 적절한 이해 능력을 함양시킬 수 있도록 구성되었다. 이 세 권의 교재는 어휘·문법, 표현, 이해 능력의 고른 발달을 위해 패키지로 함께 사용될 수도 있고, 교육 현장 여건이나 학습자의 요구에 따라 별도로 사용될 수도 있다. 또한, 어휘와 문법 교재의 경우 별도의 지침서가 마련되어 교육 경험이 다소 부족한 국내외의 한국어 교사들에게 유용한 길잡이가 될 수 있을 것이다.

연세대학교 한국어학당은 앞으로도 전 세계의 한국어 학습자들의 요구와 기대에 부응하는 교재 개발을 위해 최선을 다할 것이다. 아울러 본 교재가 국내외에서 한국어 교육을 위해 노력을 아끼지 않는 많은 교사와 한국어 학습을 위해 노력하는 모든 학습자들에게 크게 도움이 되기를 바란다.

연세대학교 언어연구교육원

한국어학당 교재편찬위원회

일러두기

01 이 책은 <새 연세한국어 **어휘와 문법 1**>, <새 연세한국어 **듣기와 읽기 1**>과 함께 한국어 초급 학습자들을 위한 교재이다. 특히 <새 연세한국어 **어휘와 문법 1**>에서 배운 문형과 어휘를 활용해서 말하기와 쓰기의 표현 연습을 할 수 있도록 구성되었다.

02 이 책은 한국어 초급 학습자들이 한국어로 말하고 쓸 수 있는 능력을 키우기 위한 표현 능력 개발 교재이다.

03 이 책은 총 20과이며 각 과는 2개 항으로 구성되어 총 40개 항이 있다. 그리고 2개 과마다 복습을 할 수 있도록 복습 10개 항을 구성했다. 각 항은 각각 50분 수업 분량으로 이 책은 총 50개 항으로 구성되어있다. 그리고 2개 항마다 한국 문화에 대한 소개가 있다.

04 이 책의 각 항은 '제목, 학습목표, 준비해 봅시다, 이야기해 봅시다, 써 봅시다'로 구성되었다. 복습항은 선행 학습된 2개 과의 주제와 기능, 어휘와 문법을 활용할 수 있도록 3개의 과제로 구성되어 있다.

05 이 책의 각 과의 제목은 <새 연세한국어 **어휘와 문법 1**>과 동일하다. 각 항의 제목은 해당 항의 내용 중에서 학습목표를 드러낼 수 있는 대표적인 문장을 사용했다.

06 학습목표는 '-에 대해서 이야기할 수 있다, 설명할 수 있다, 소개할 수 있다'와 같이 표현 기능이 드러나도록 기술했다.

07 '준비해 봅시다'는 각 항의 들어가기에 해당된다. 삽화를 제시해서 학습자들의 이해를 돕고 2개의 질문을 통해서 각 항의 구체적인 내용을 예측해 볼 수 있도록 구성했다. 1과에서 5과까지는 2개의 질문이 모두 삽화와 관련된 것이다. 6과에서 20과까지는 삽화와 관련된 질문 1개와 학습자들의 상황에 맞춰 대답할 수 있는 질문 1개로 구성되어 있다.

08 '이야기해 봅시다'는 <새 연세한국어 **어휘와 문법 1**>에서 공부한 내용을 주제와 관련해서 말해 볼 수 있는 말하기 연습으로 구성되어 있다. 초급 학습자들의 흥미를 끌고 실제성을 높일 수 있도록 목표 말하기 상황이 드러나는 삽화를 제시했다. 또한 학습자들의 이해를 돕기 위해서 연습마다 전형적인 대화의 예시를 <보기>로 제시했다.

09 '써 봅시다'는 '쓰고 발표하십시오, 이야기하고 쓰십시오'와 같이 말하기 활동과 쓰기 활동을 연계한 연습으로 구성되어 있다. 말하기 연습의 대화뿐만 아니라 쓰기 연습의 예시도 <보기>로 제시해서 학습자들에게 도움을 주고자 했다.

10 '복습'은 3개의 연습으로 구성되어 있다. 앞선 2개 과에서 배운 어휘와 문법, 주제를 통합해서 길게 말하고 쓸 수 있는 연습으로 구성되어 있다.

11 '문화'는 한국의 문화를 소개하고 관련된 한국어 표현을 제시해서 학습자들이 활용할 수 있도록 구성했다.

12 모든 연습은 학습자들이 자신의 한국어 능력 수준에 맞춰 다양하게 표현할 수 있도록 정답이 하나가 아닌 열려 있는 질문으로 구성했다. 또한 자신의 상황으로 확장해서 연습할 수 있도록 일반적이고 전형적인 상황을 제시했다.

13 새로 나온 어휘는 해당 페이지의 하단에 제시했다. 또한 부록에 새로 나온 모든 어휘의 목록과 해당 어휘가 사용된 항을 제시해서 학습에 도움을 주고자 했다.

단원구성

과	제목	학습목표	표현	문화
한글	모음 연습 1			
	자음 연습 1~4			
	받침 연습 1~2			
1과 인사와 소개	1. 저는 미국 사람입니다	이름과 국적을 말하고 자기소개를 할 수 있다	입니다 은/는[1]	인사말
	2. 저는 학생이 아닙니다	자기를 소개하고 직업을 설명할 수 있다	입니까? 이/가 아닙니다	
2과 물건	1. 저것이 지도입니다	교실에 있는 물건을 소개할 수 있다	이, 그, 저 이/가	
	2. 저는 교과서가 있습니다	가지고 있는 물건을 설명할 수 있다	이/가 있습니다(없습니다) 도	
3과 학교	1. 도서관이 어디에 있습니까?	학교 시설물의 위치를 설명할 수 있다	에 있습니다(없습니다) 은/는[2]	한국의 학교
	2. 교실이 작습니다	학교 시설물에 대해서 설명할 수 있다	과/와(하고) -습니다, -습니까?	
4과 친구	1. 유키 씨가 일본에서 왔습니다	친구를 소개할 수 있다	에서 오다 을/를	
	2. 유키 씨가 집에서 음악을 듣습니다	다양한 장소에서 하는 일을 설명할 수 있다	에서 과/와 같이(하고 같이)	
5과 고향	1. 저는 고향에 가고 싶습니다	하고 싶은 일을 설명할 수 있다	에 가다 -고 싶다	나이
	2. 경복궁은 조용하고 아름답습니다	장소와 사람의 특징을 설명할 수 있다	-지 않다 -고[1]	
6과 학교생활	1. 저는 오전에 한국어를 공부합니다	시간을 사용해서 일과를 설명할 수 있다	에[1] 부터 까지	
	2. 의자에 앉으십시오	학교생활을 이야기할 수 있다	-으십시오 -을까요?[1]	

과	제목	학습목표	표현	문화
7과 음식	1. 저는 한식을 좋아합니다	좋아하는 것을 말할 수 있다	무슨 ㄹ동사	한국인의 식사예절
	2. 몇 인분 주문할까요?	음식을 주문하고 음식에 대해서 설명할 수 있다	-을까요?[2] -읍시다	
8과 하루 생활	1. 저는 내일 바쁘지 않아요	날짜와 요일을 말할 수 있다	이에요 -어요	
	2. 저는 아침을 먹고 학교에 가요	하루 일과를 설명할 수 있다	-고[2] ㄷ동사	
9과 주말	1. 저는 주말에 친구들과 같이 농구를 해요	주말 활동에 대해서 이야기할 수 있다	-으러 -지만	서울의 과거와 현재
	2. 저는 집에서 쉴 거예요	여러 가지 계획을 말할 수 있다	-을 거예요 ㅂ동사	
10과 과거 일	1. 저는 작년 8월 20일에 한국에 왔어요	과거의 일을 설명할 수 있다	-었어요 안	
	2. 일이 많아서 친구를 만나지 못했어요	하지 못한 일을 이유와 함께 설명할 수 있다	-지 못하다 -어서[1]	
11과 약속	1. 경치가 아름다우니까 남산에 갈까요?	약속 시간과 장소를 정할 수 있다	-은 후에 -으니까	호칭
	2. 제가 영화표가 있는데 같이 극장에 갈까요?	만나서 무엇을 할지 제안할 수 있다	-는데 이나	
12과 가족	1. 어머니께서 신문을 읽으십니다	존대어를 사용해서 이야기할 수 있다	-으시- 께서	
	2. 어머니는 노래 부르기를 좋아하세요	가족이 좋아하는 일을 설명할 수 있다	-으세요[1] -으세요[2]	
13과 쇼핑	1. 이것보다 큰 가방을 사고 싶어요	사물을 비교해서 말할 수 있다	-은[1] 보다	생일
	2. 이 사과 한 개에 얼마예요?	물건을 고르고 사는 상황에서 이야기할 수 있다	-는 에[2]	

과	제목	학습목표	표현	문화
14과 생일	1. 가족들에게 줄 선물을 샀어요	물건의 용도를 설명할 수 있다	에게(한테/께) -을	생일
	2. 우리가 먹은 음식은 불고기였어요	생일에 한 일을 설명할 수 있다	-은[2] 르 동사	
15과 전화	1. 저에게 전화해 주세요	부탁하고 싶은 것을 설명할 수 있다	-지요? -어 주다	한국인의 전화 예절
	2. 지금 전화 받을 수 있어요?	전화로 이야기할 수 있다	에게서(한테서) -을 수 있다	
16과 교통	1. 서울에서 전주까지 기차로 2시간쯤 걸려요	교통수단과 걸리는 시간을 이야기할 수 있다	으로[1] 에서 까지	
	2. 지하철을 갈아타야 해요	해야 하는 일에 대해서 이야기할 수 있다	-어야 하다 마다	
17과 길 찾기	1. 20m쯤 가면 화장실이 있어요	건물 내 장소의 위치와 방향을 설명할 수 있다	으로[2] -으면	한국의 도로명
	2. 횡단보도를 건너서 왼쪽으로 5분쯤 가세요	지도를 보고 길을 묻고 대답할 수 있다	-요? -어서[2]	
18과 날씨와 계절	1. 날씨가 좋군요	날씨에 대해서 이야기할 수 있다	-는군요 -을 것 같다	
	2. 날씨가 따뜻한 것 같아요	계절에 대해서 이야기할 수 있다	-는 것 같다 -으면서	
19과 여행	1. 저는 이번 방학에 한국에서 여행을 하려고 해요	여행 계획을 이야기할 수 있다	-으려고 하다 -는 게 어때요?	한국의 명절
	2. 흐엉 씨는 지금 면세점에서 쇼핑하고 있어요	여행 준비에 대해서 이야기 할 수 있다	-고 있다 못	
20과 방학과 휴일	1. 저는 방학에 중국에 가겠습니다	방학에 할 일을 이야기할 수 있다	-기 전에 -겠다[1]	
	2. 경치가 아름답지 않아요?	휴일에 대해서 이야기할 수 있다	-지 않아요? -고요	

차례

등장인물 | Main characters

에릭 파커
- 미국
- 어학당 학생
- 한국전자 직원

존 카마우
- 케냐
- 어학당 학생
- 교환학생

사토 유키
- 일본
- 어학당 학생
- 기자

리타오
- 중국
- 어학당 학생
- 대학 입학 예정자

노라 한슨
- 노르웨이
- 어학당 학생
- 대학원 입학 예정자

최주앙
- 브라질
- 어학당 학생
- 대학 휴학생

응웬 흐엉
- 베트남
- 어학당 학생

레오 마르탱
- 프랑스
- 요리사

올리비아 스미스
- 호주
- 외교관

이윤아
- 한국
- 대학생

정하늘
- 한국
- 대학생

김우진
- 한국
- 한국전자 직원

한글

모음 연습 1

1. 쓰십시오.

아								
어								
오								
우								
으								
이								
애								
에								
외								
워								

2. 다음 단어를 쓰십시오.

오

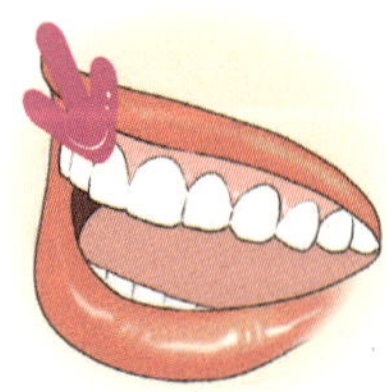

이

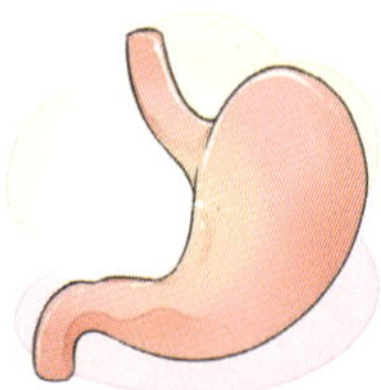

위

이

아 이

오 이

아 우

우 애

자음 연습 1

1. 쓰십시오.

자음 \ 모음	아	어	오	우	으	이	애	에	외	위
ㄱ	가	거	고	구	그	기	개	게	괴	귀
ㄴ	나	너	노	누	느	니	내	네	뇌	뉘
ㄷ	다	더	도	두	드	디	대	데	되	뒤
ㄹ	라	러	로	루	르	리	래	레	뢰	뤼

2. 다음 단어를 쓰십시오.

개

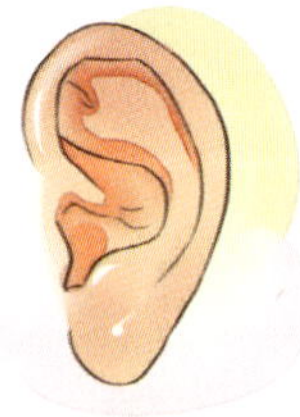

귀

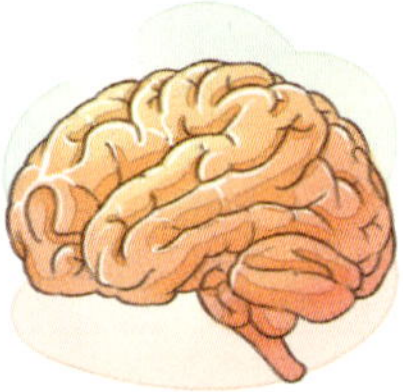

뇌

뒤

가구

고기

아기

누나

노래

도로

다 리

구 두

가 게

나 라

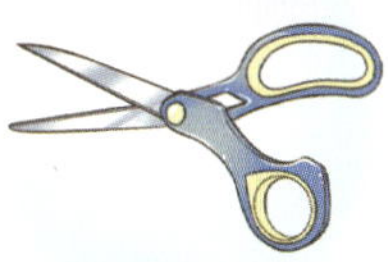

가 위

거 리

고 래

개 나 리

그 네

라 디 오

자음 연습 2

1. 쓰십시오.

모음 / 자음	아	어	오	우	으	이	애	에	외	위
ㅁ	마	머	모	무	므	미	매	메	뫼	뮈
ㅂ	바	버	보	부	브	비	배	베	뵈	뷔
ㅅ	사	서	소	수	스	시	새	세	쇠	쉬
ㅈ	자	저	조	주	즈	지	재	제	죄	쥐

2. 다음 단어를 쓰십시오.

새

쥐

머리

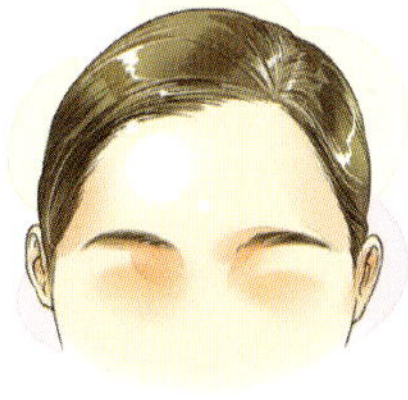

이마

모자

바지

개미

바다

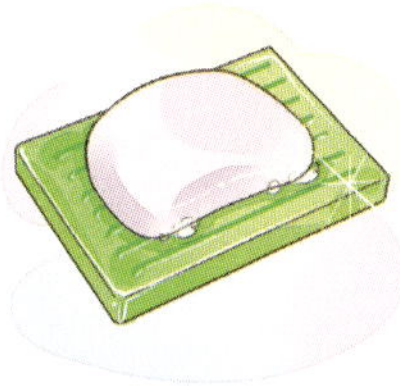

비누

두부

수 저

배 우

모 래

어 머 니

지 구

아 버 지

주 스

바 나 나

소 리

지 우 개

자음 연습 3

1. 쓰십시오.

모음 / 자음	아	어	오	우	으	이	애	에	외	위
ㅊ	차	처	초	추	츠	치	채	체	최	취
ㅋ	카	커	코	쿠	크	키	캐	케	쾨	퀴
ㅌ	타	터	토	투	트	티	태	테	퇴	튀
ㅍ	파	퍼	포	푸	프	피	패	페	푀	퓌
ㅎ	하	허	호	후	흐	히	해	헤	회	휘

2. 다음 단어를 쓰십시오.

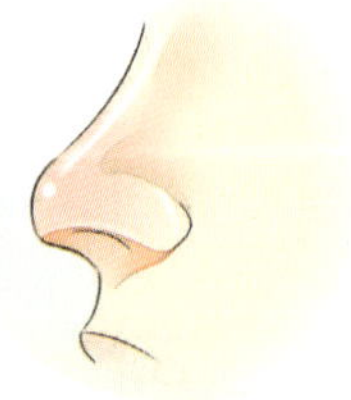
코

기차

고추

치마

채소

부츠

조카

커피

파리

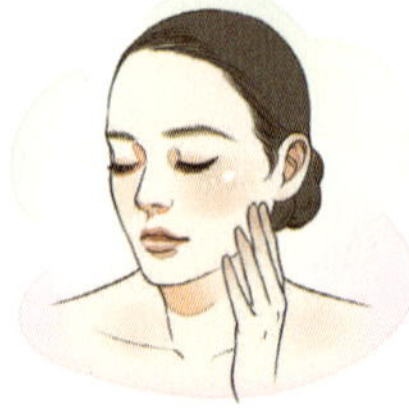
피부

외 투

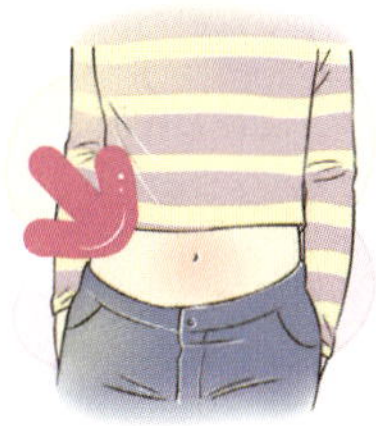

허 리

회

케 이 크

후 추

카 메 라

하 마

피 아 노

호 두

테 니 스

모음 연습 2

1. 쓰십시오.

야								
여								
요								
유								
얘								
예								
와								
왜								
워								
웨								
의								

2. 다음 단어를 쓰십시오.

	우	유
	야	구
	여	우
	요	가
	여	자
	여	기
	의	자
	예	의
	얘	기
	기	와

한글

과 자

시 계

돼 지

화 가

휴 가

세 계

교 회

샤 워

야 유 회

웨 이 터

자음 연습 4

1. 쓰십시오.

모음 / 자음	아	어	오	우	으	이	애	에	외	위
ㄲ	까	꺼	꼬	꾸	끄	끼	깨	께	꾀	뀌
ㄸ	따	떠	또	뚜	뜨	띠	때	떼	뙤	뛰
ㅃ	빠	뻐	뽀	뿌	쁘	삐	빼	뻬	뾔	쀠
ㅆ	싸	써	쏘	쑤	쓰	씨	쌔	쎄	쐬	쒸
ㅉ	짜	쩌	쪼	쭈	쯔	찌	째	쩨	쬐	쮜

2. 다음 단어를 쓰십시오.

	아	빠		오	빠
	꼬	마		뽀	뽀
	꼬	리		뿌	리
	짜	다		따	다
	토	끼		까	치

끄다

삐다

싸다

찌다

아저씨

빠르다

때리다

예쁘다

코끼리

꾀꼬리

1. 쓰십시오.

	아	어	오	우	으	이	애	에	외	위
ㄱ	가									
ㄴ		너								
ㄷ			도							
ㄹ				루						
ㅁ					므					
ㅂ						비				
ㅅ							새			
ㅇ								에		
ㅈ									죄	
ㅊ										취
ㅋ									쾨	
ㅌ								테		
ㅍ							패			
ㅎ						히				

	야	여	요	유	얘	예	와	왜	워	웨	의
ㄱ											긔
ㄴ										눼	
ㄷ									둬		
ㄹ								뢔			
ㅁ							뫄				
ㅂ						볘					
ㅅ					섀						
ㅇ				유							
ㅈ			죠								
ㅊ		쳐									
ㅋ	캬										
ㅌ		텨									
ㅍ			표								
ㅎ				휴							

받침 연습 1

1. 쓰십시오.

	가	나	다	라	마	바	사
ㄱ	각	낙	닥	락	막	박	삭
ㄴ	간						
ㄷ	갇						
ㄹ	갈						
ㅁ	감						
ㅂ	갑						
ㅅ	갓						
ㅇ	강						
ㅈ	갖						
ㅊ	갗						
ㅋ	갘						
ㅌ	같						
ㅍ	갚						
ㅎ	갛						
ㄲ	갂						
ㅆ	갔						

	아	자	차	카	타	파	하
ㄱ	악	작	착	칵	탁	팍	학
ㄴ	안						
ㄷ	앋						
ㄹ	알						
ㅁ	암						
ㅂ	압						
ㅅ	앗						
ㅇ	앙						
ㅈ	앚						
ㅊ	앛						
ㅋ	앜						
ㅌ	앝						
ㅍ	앞						
ㅎ	앟						
ㄲ	앆						
ㅆ	았						

2. 다음 단어를 쓰십시오.

학 교

낚 시

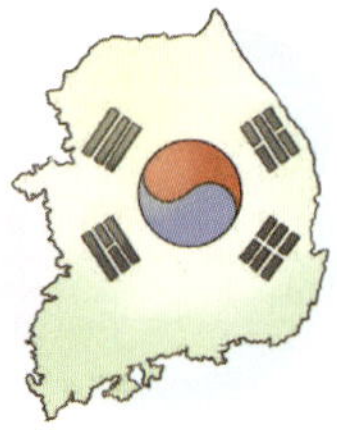

한 국

듣 다

달 력

김 밥

씻 다

옷 장

냉 면

낮 잠

꽃 병

부 엌

햇 볕

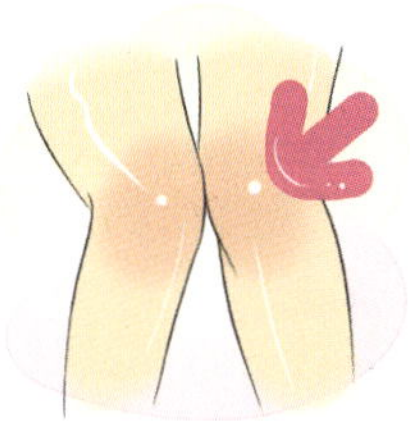

무 릎

ㅎ

히 읗

있 다

선 생 님

관 광 객

경 찰 관

설 렁 탕

받침 연습 2

1. 쓰십시오.

받침	소리	단어			
ㄳ	ㄱ	몫			
ㄺ		읽	다		
ㄵ	ㄴ	앉	다		
ㄶ		않	다		
ㄼ	ㄹ	넓	다		
ㄽ		외	곬		
ㄾ		훑	다		
ㅀ		잃	다		
ㄻ	ㅁ	젊	다		
ㄼ	ㅂ	밟	다		
ㄿ		읊	다		
ㅄ		없	다		

2. 다음 단어를 쓰십시오.

품 삯

얹 다

많 다

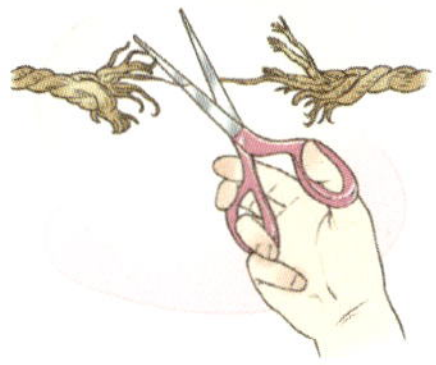

끊 다

찰 흙

긁 다

밝 다

맑 다

닭 장

수 탉

여 덟

짧 다

얇 다

끓 다

뚫 다

앓 다

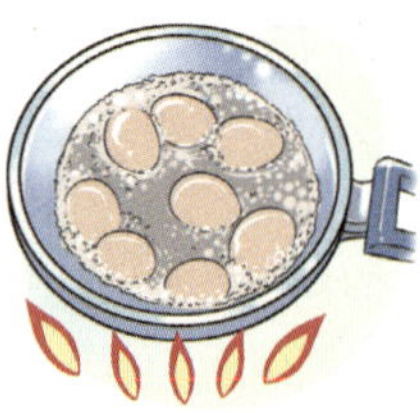

삶 다

닮 다

물 곬

옷 값

새 연세한국어

말하기와 쓰기 1

01과 인사와 소개

1. 저는 미국 사람입니다

• 학습목표: 이름과 국적을 말하고 자기소개를 할 수 있다.

Ⅰ. 준비해 봅시다

- 어디입니까?
- 어느 나라 사람입니까?

I. 이야기해 봅시다

1 그림을 보고 보기 와 같이 이야기하십시오.

보기

한국 사람입니다. 김민호입니다.

국적 이름 한국 중국 미국 영국 일본 자메이카 프랑스 케냐
인도 사람

2 그림을 보고 보기 와 같이 쓰고 이야기하십시오.

보기

에릭 씨입니다. 에릭 씨는 미국 사람입니다.

연습하기

1. ________ 입니다. ________ 은/는 ________ 사람입니다.
2. ________ 입니다. ________ 은/는 ________ 사람입니다.
3. ________ 입니다. ________ 은/는 ________ 사람입니다.
4. ________ 입니다. ________ 은/는 ________ 사람입니다.
5. ________ 입니다. ________ 은/는 ________ 사람입니다.
6. ________ 입니다. ________ 은/는 ________ 사람입니다.
7. ________ 입니다. ________ 은/는 ________ 사람입니다.
8. ________ 입니다. ________ 은/는 ________ 사람입니다.

씨 베트남 호주 노르웨이 브라질

III. 써 봅시다

1 보기 와 같이 자기소개를 쓰고 발표하십시오.

보기

안녕하십니까? 처음 뵙겠습니다.

제 이름**은** 에릭 파커**입니다**.

저**는** 미국 사람**입니다**.

반갑습니다.

안녕하십니까 처음 뵙겠습니다 제 저 반갑다

01 1과 인사와 소개

2. 저는 학생이 아닙니다

• 학습목표: 자기를 소개하고 직업을 설명할 수 있다.

Ⅰ. 준비해 봅시다

• 누구입니까?
• 직업이 무엇입니까?

이야기해 봅시다 1 그림을 보고 보기와 같이 질문하고 대답하십시오.

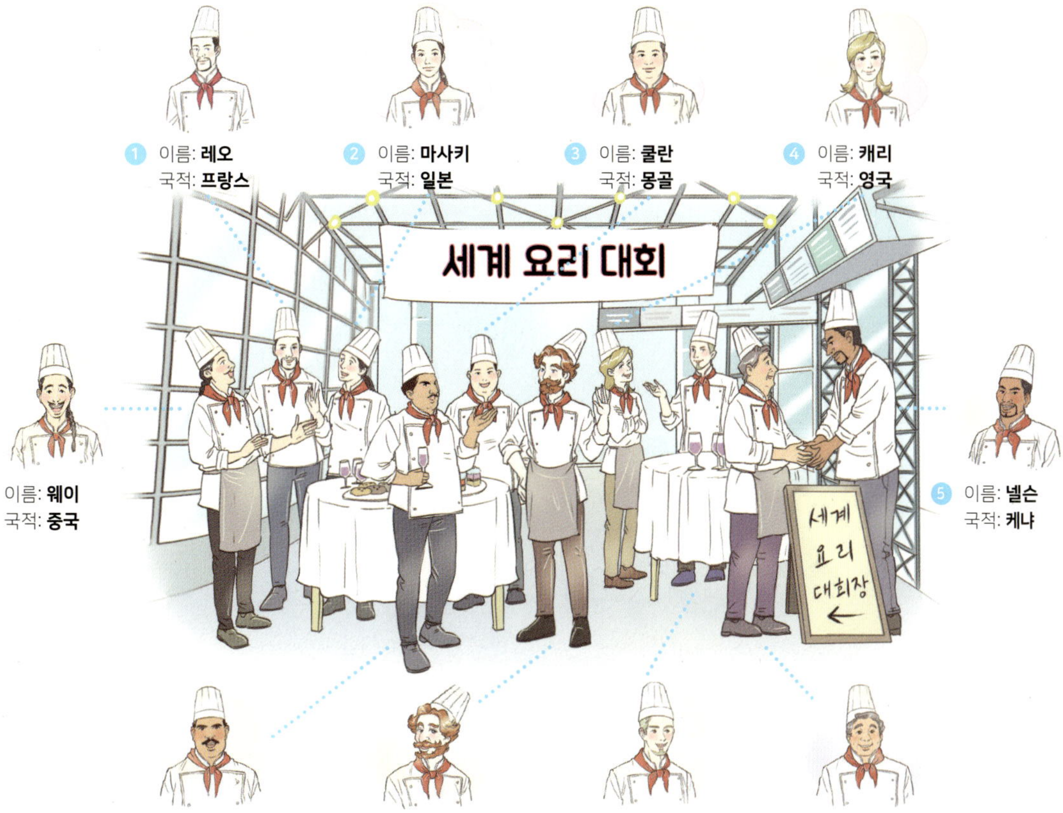

1. 이름: **레오** 국적: **프랑스**
2. 이름: **마사키** 국적: **일본**
3. 이름: **쿨란** 국적: **몽골**
4. 이름: **캐리** 국적: **영국**
5. 이름: **넬슨** 국적: **케냐**
6. 이름: **부락** 국적: **터키**
7. 이름: **빅토르** 국적: **러시아**
8. 이름: **파올로** 국적: **이탈리아**
9. 이름: **칸** 국적: **인도**
10. 이름: **웨이** 국적: **중국**

보기

마사키: 안녕하십니까?
레　오: 네, 안녕하십니까? 처음 뵙겠습니다.
마사키: 저는 마사키입니다. 이름이 무엇입니까?
레　오: 저는 레오입니다.
마사키: 레오 씨는 어느 나라 사람입니까?
레　오: 저는 프랑스 사람입니다.
마사키: 반갑습니다.

몽골 이탈리아 러시아 터키 무엇 어느 나라 네

2 그림을 보고 보기 와 같이 반 친구를 소개하십시오.

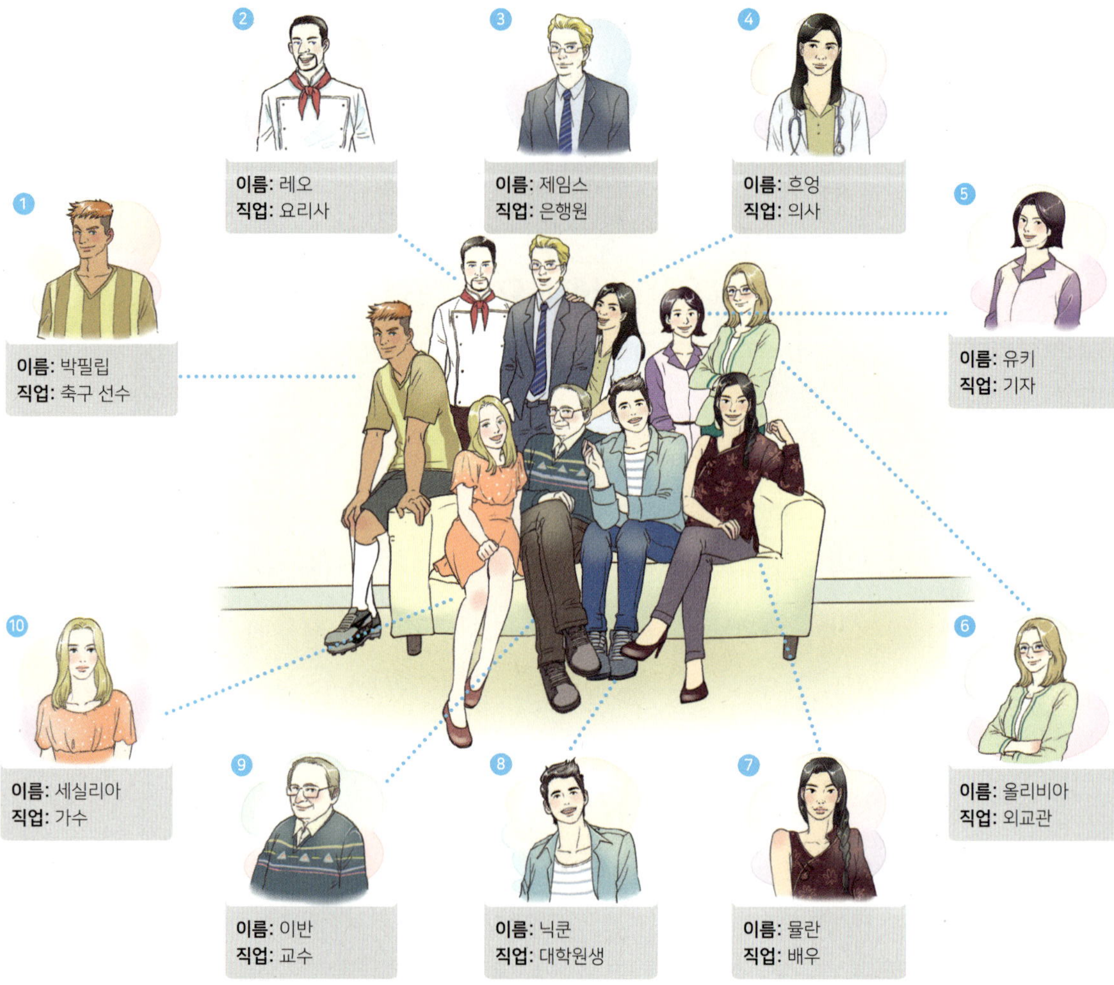

보기

친구: 누구입니까?

에릭: 제 친구 **박필립** 씨입니다.

친구: **박필립** 씨는 **학생**입니까?

에릭: 아니요, **학생**이 아닙니다. **축구선수**입니다.

친구: 아, 그렇습니까?

직업 축구 선수 요리사 은행원 의사 기자 외교관 가수 교수
대학원생 배우 누구 친구 아니요 그렇다

III. 써 봅시다

친구를 그리고 보기 와 같이 친구 소개를 쓰십시오.

이름: 유미

국적: 일본

직업: 회사원

제 친구 이름은 유미입니다.
제 친구는 한국 사람**이 아닙니다.**
일본 사람입니다.
유미 씨는 학생**이 아닙니다.**
회사원입니다.

연습하기

이름:

국적:

직업:

02과 물건

1. 저것이 지도입니다

• 학습목표: 교실에 있는 물건을 소개할 수 있다.

I. 준비해 봅시다

- 여기가 어디입니까?
- 무엇입니까?

Ⅰ. 이야기해 봅시다

1 보기 와 같이 이야기하십시오.

보기

유키: 그것이 무엇입니까?
에릭: 이것이 지우개입니다.
유키: 그럼 저것이 무엇입니까?
에릭: 저것이 지도입니다.

그것 이것 지우개 그럼 저것 지도

2 보기 와 같이 쓰고 이야기하십시오.

보기

에릭: 이 모자가 제 모자입니다.

연습하기

1. **유 키:** 이 ______ 이/가 제 ______ 입니다.
2. **리타오:** 이 ______ 이/가 제 ______ 입니다.
3. **흐 엉:** 이 ______ 이/가 제 ______ 입니다.
4. **노 라:** 이 ______ 이/가 제 ______ 입니다.
5. **존 :** 이 ______ 이/가 제 ______ 입니다.

이 모자

보기 와 같이 이야기하십시오.

보기

선생님: 이 모자가 유키 씨 모자입니까?

학생들: 아니요, 그 모자는 유키 씨 모자가 아닙니다.
에릭 씨 모자입니다.

그

보기 와 같이 쓰고 발표하십시오.

보기

안녕하십니까? 저는 유키입니다. 저는 일본 사람입니다.
여기**가** 우리 교실입니다. **이것이** 제 책상입니다.
이것이 제 교과서입니다.
이 사람**이** 에릭 씨입니다. 미국 사람입니다.
이것이 에릭 씨 책상입니다. **이** 시계**가** 에릭 씨 시계입니다.
저것이 선생님 책상입니다. **저것이** 선생님 교과서입니다.

여기 우리 교실 책상 교과서 시계 선생님

연습하기

안녕하십니까? 저는 흐엉입니다.

물건

2. 저는 교과서가 있습니다

• 학습목표: 가지고 있는 물건을 설명할 수 있다.

Ⅰ. 준비해 봅시다

- 누가 있습니까?
- 무엇이 있습니까?

II. 이야기해 봅시다

1 보기 와 같이 이야기하십시오.

1 가방	2 휴대 전화	3 교과서	4 필통
5 연필	6 지우개	7 지갑	8 학생증
9 외국인 등록증	10 돈	11 화장품	12 휴지

보기

유키: 에릭 씨, 교과서가 있습니까?

에릭: 네, 저는 교과서가 있습니다.

유키: 시계가 있습니까?

에릭: 아니요, 저는 시계가 없습니다.

가방 휴대 전화 필통 연필 지갑 학생증 외국인 등록증 돈 화장품 휴지 있다 없다

2 보기 와 같이 이야기하십시오.

보기

마크: 책상이 있습니까?
리나: 네, 책상이 있습니다.
마크: 옷걸이도 있습니까?
리나: 네, 옷걸이도 있습니다.
마크: 가방도 있습니까?
리나: 아니요, 없습니다.

옷걸이

III. 써 봅시다

여러분의 방을 그리고 보기 와 같이 쓰고 발표하십시오.

보기

여기가 제 방입니다.
책상, 의자**가 있습니다**.
가방, 책, 공책**도 있습니다**.
침대**가 없습니다**.

연습하기

방 의자 공책 침대

복습 1-2과

1 다음 문장을 사용해서 대화를 완성하십시오.

직업이 무엇입니까?	어느 나라 사람입니까?	반갑습니다.
이름이 무엇입니까?	안녕하십니까?	

흐엉: ______________.
레오: 네, 안녕하십니까?
흐엉: ______________.
레오: 제 이름은 레오입니다.
흐엉: ______________.
레오: 프랑스 사람입니다.
흐엉: ______________.
레오: 요리사입니다.
흐엉: ______________.
레오: 네, 저도 반갑습니다.

이름: 레오
국적: 프랑스
직업: 요리사

- 그림을 보고 위와 같이 서로 소개하십시오.

이름: 세실리아
국적: 노르웨이
직업: 가수

이름: 유키
국적: 일본
직업: 기자

이름: 에릭
국적: 미국
직업: 회사원

이름: 닉쿤
국적: 태국
직업: 대학원생

2 그림을 보고 보기 와 같이 이야기하십시오.

보기

유키: 여기가 우리 교실입니다.

마크: 달력이 있습니까?

유키: 네, 달력이 있습니다.

마크: 시계도 있습니까?

유키: 네, 시계도 있습니다.

마크: 이것이 유키 씨 필통입니까?

유키: 아니요, 그것이 제 필통이 아닙니다.
미나 씨 필통입니다.

3 다음 질문으로 친구와 이야기하십시오. 그리고 보기 와 같이 쓰고 발표하십시오.

- 이름이 무엇입니까?
- 어느 나라 사람입니까?
- 직업이 무엇입니까?
- 이것/그것/저것이 무엇입니까?

- 이것/그것/저것이 ______ 입니까?
- 그 ______ 이/가 ______ 씨 ______ 입니까?
- 누가 ______ 입니까?
- ______ 이/가 있습니까? ______ 도 있습니까?

보기

제 이름은 최주앙입니다.
저는 브라질 사람입니다.
연세대학교 한국어학당 학생입니다.
저는 미국 친구가 있습니다.
일본 친구도 있습니다.
제 일본 친구 이름이 유키입니다.
유키 씨는 기자입니다.

문화

인사말

한국어는 상황에 따라 쓰는 인사말이 아주 다양합니다.
인사를 할 때는 고개를 숙여서 인사하면서 말합니다.
한국의 여러 인사말을 연습해 봅시다.

상황	인사말
만났을 때 하는 인사말	안녕하십니까? 잘 지내셨습니까?
헤어질 때 하는 인사말	안녕히 계십시오. 안녕히 가십시오.
고마울 때 하는 인사말	고맙습니다. 감사합니다.
미안할 때 하는 인사말	미안합니다. 죄송합니다.
처음 만나는 사람에게 하는 인사말	처음 뵙겠습니다. 만나서 반갑습니다.
식사 때 하는 인사말	잘 먹겠습니다. 잘 먹었습니다.
손님이 왔을 때 하는 인사말	어서 오십시오.
잠자기 전에 하는 인사말	안녕히 주무십시오.

03과 학교

1. 도서관이 어디에 있습니까?

• 학습목표: 학교 시설물의 위치를 설명할 수 있다.

Ⅰ. 준비해 봅시다

- 어디입니까?
- 무엇이 있습니까?

이야기해 봅시다

1 그림을 보고 보기 와 같이 이야기하십시오.

보기

하늘: 도서관이 어디에 있습니까?

윤아: 학생회관 앞에 있습니다.

도서관 학생회관 수영장 은행 식당 서점 병원 정문 기숙사
한국어학당 어디 앞

2 학생들이 어디에 있습니까? 그림을 보고 보기 와 같이 이야기하십시오.

보기

하늘: 노라 씨가 어디에 있습니까?

윤아: 노라 씨가 교실에 있습니다.

하늘: 교실이 어디에 있습니까?

윤아: 교실은 4층에 있습니다.

하늘: 유키 씨도 교실에 있습니까?

윤아: 아니요, 유키 씨는 1층 커피숍에 있습니다.

커피숍 편의점 강당 복사실 사무실 컴퓨터실 층

III. 써 봅시다

1 여러분의 집 약도를 그리십시오. 보기 와 같이 쓰고 발표하십시오.

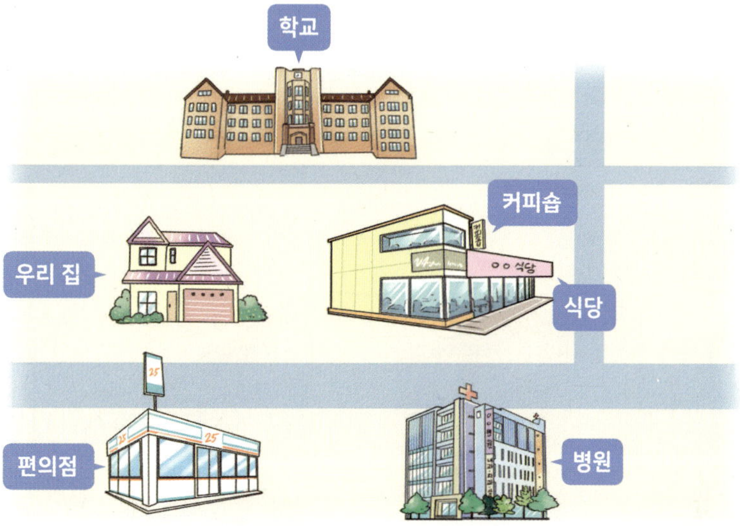

보기

여기는 우리 집입니다.	우리 집 옆**에** 식당이 **있습니다.**
우리 집 앞**에** 편의점이 **있습니다.**	식당 위**에** 커피숍이 **있습니다.**
편의점 옆**에** 병원이 **있습니다.**	우리 집 뒤**에** 학교가 **있습니다.**

연습하기

집 학교 옆 위 뒤

학교

2. 교실이 작습니다

• 학습목표: 학교 시설물에 대해서 설명할 수 있다.

Ⅰ. 준비해 봅시다

- 여기가 어디입니까?
- 여기가 어떻습니까?

이야기해 봅시다

1 지도를 보고 보기 와 같이 이야기하십시오.

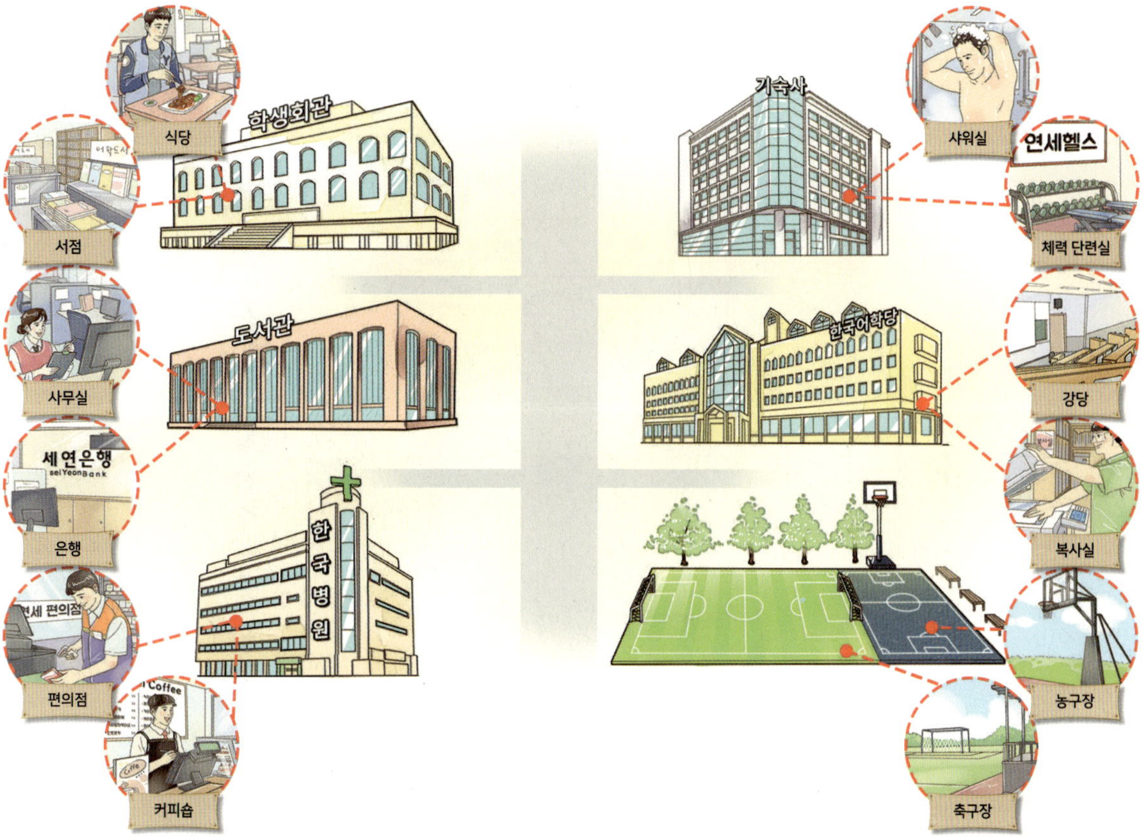

보기

리나: 이 학교에 학생회관이 있습니까?

존 : 네, 있습니다.

리나: 학생회관에 무엇이 있습니까?

존 : 식당과 서점이 있습니다.

체력 단련실　샤워실　운동장　농구장　축구장

2 교실이 어떻습니까? 보기 와 같이 이야기하십시오. 그리고 여러분의 교실에 대해서 이야기하십시오.

유키 교실

주앙 교실

보기

주앙: 유키 씨 교실이 작습니까?

유키: 네, 작습니다.

주앙: 학생이 많습니까?

유키: 아니요, 학생이 적습니다.

주앙: 교실이 시원합니까?

유키: 네, 교실이 아주 시원합니다.

III. 써 봅시다

여러분의 학교에 대해서 보기 와 같이 쓰고 발표하십시오.

보기

우리 학교는 신촌에 **있습니다**.
학교에 운동장**하고** 도서관이 **있습니다**.
운동장이 아주 **큽니다**.
도서관 옆에 학생회관이 **있습니다**.
학생회관에 식당**과** 서점이 **있습니다**.
은행**과** 우체국도 **있습니다**.
은행에 사람이 **많습니다**.

연습하기

작다 학생 많다 적다 아주 시원하다 신촌 크다 우체국

04 4과 친구

1. 유키 씨가 일본에서 왔습니다

• 학습목표: 친구를 소개할 수 있다.

Ⅰ. 준비해 봅시다

- 유키 씨가 어디에 있습니까?
- 유키 씨가 무엇을 합니까?

Ⅱ. 이야기해 봅시다

1 사람들이 무엇을 합니까? 쓰고 이야기하십시오.

연습하기

여기는 극장입니다. 극장에 친구들이 있습니다. 에릭 씨가 시계를 봅니다.

유키 씨가 ______

리타오 씨가 ______

존 씨가 ______

주앙 씨가 ______

흐엉 씨가 ______

노라 씨가 ______

극장　들　보다

2 그림을 보고 보기 와 같이 이야기하십시오.

보기

마크: 리나 씨 반에 일본 사람이 있습니까?

리나: 네, 우리 반에 일본 사람이 있습니다.
유키 씨가 일본에서 왔습니다.

마크: 누가 유키 씨입니까?

리나: 유키 씨가 문 앞에 있습니다.
우유를 마십니다.

반 누가 문 우유 마시다

III. 써 봅시다

보기 와 같이 친구와 이야기하십시오.

보기

마이클: 안나 씨, 어느 나라 사람입니까?
안　나: 저는 미국 사람입니다.
마이클: 미국 어디에서 왔습니까?
안　나: 미국 뉴욕에서 왔습니다.
마이클: 회사원입니까?
안　나: 아니요, 학생입니다.
한국말을 공부합니다.

보기 와 같이 쓰고 친구를 소개하십시오.

보기

제 친구 안나 씨는 미국 사람입니다.
안나 씨는 미국 뉴욕**에서 왔습니다**.
안나 씨는 학생입니다.
한국말**을** 공부합니다.

연습하기

뉴욕　회사원　한국말　공부하다

4과 친구

2. 유키 씨가 집에서 음악을 듣습니다

• 학습목표: 다양한 장소에서 하는 일을 설명할 수 있다.

Ⅰ. 준비해 봅시다

- 어디입니까?
- 사람들이 무엇을 합니까?

I. 이야기해 봅시다

1 보기 와 같이 이야기하십시오.

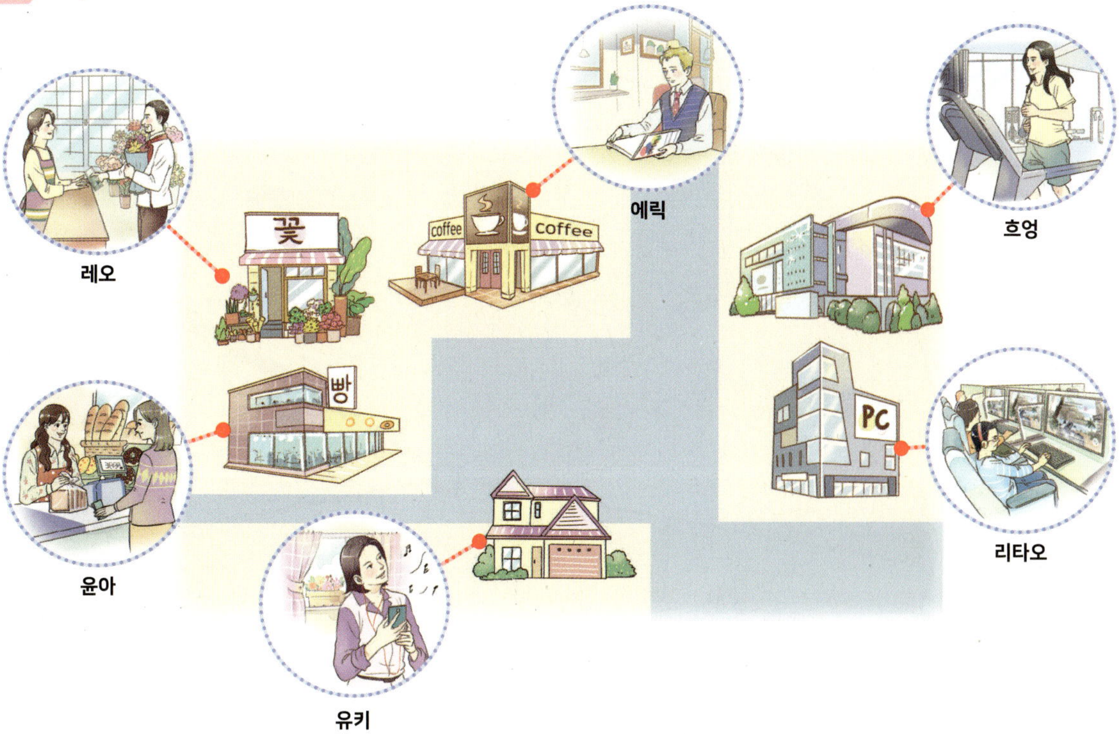

유키 •	• 체육관 •	• 게임을 하다
윤아 •	• 피시방 •	• 운동하다
레오 •	• 커피숍 •	• 꽃을 사다
에릭 •	• 집 •	• 아르바이트하다
흐엉 •	• 꽃집 •	• 공부하다
리타오 •	• 빵집 •	• 음악을 듣다

보기

마크: 유키 씨가 어디에 있습니까?
리나: 유키 씨가 집에 있습니다.
마크: 유키 씨가 집에서 무엇을 합니까?
리나: 유키 씨가 집에서 음악을 듣습니다.

체육관 피시방 꽃집 빵집 게임 운동하다 꽃 사다 아르바이트하다 음악 듣다

2 보기 와 같이 이야기하십시오.

보기

마크: 노라 씨가 무엇을 합니까?

리나: 노라 씨가 공부를 합니다.

마크: 노라 씨가 어디에서 공부를 합니까?

리나: 노라 씨가 교실에서 공부를 합니다.

마크: 노라 씨가 혼자 공부를 합니까?

리나: 아니요, 노라 씨가 리타오 씨와 같이 공부를 합니다.

공부　혼자

III. 써 봅시다

여러분은 날마다 무엇을 합니까? 보기 와 같이 쓰고 발표하십시오.

보기

저는 집**에서** 밥을 먹습니다.

동생**과 같이** 밥을 먹습니다.

저는 도서관**에서** 혼자 책을 읽습니다.

저는 체육관**에서** 친구**와 같이** 운동합니다.

저는 집**에서** 숙제합니다.

숙제가 많습니다.

연습하기

밥 먹다 동생 책 읽다 숙제하다 숙제

1 노라 씨 물건이 어디에 있습니까?

노라 씨 물건: 시계 필통 휴대전화 컵 베개 모자

보기

가: 시계가 어디에 있습니까?

나: 시계가 책상 위에 있습니다.

• 리타오 씨 물건이 어디에 있습니까?

리타오 씨 물건: 슬리퍼 달력 수건 지갑 양말 이불

보기

가: 슬리퍼가 어디에 있습니까?

나: 슬리퍼가 책상 아래에 있습니다.

컵 베개 달력 슬리퍼 수건 양말 이불 아래

2 그림을 보고 보기 와 같이 이야기하십시오.

보기

하늘: 이 분이 누구입니까?

노라: 제 친구 **에릭** 씨입니다.

하늘: **에릭** 씨가 어느 나라 사람입니까?

노라: **에릭** 씨는 **미국**에서 왔습니다.

하늘: **에릭** 씨가 한국에서 무엇을 합니까?

노라: **에릭** 씨는 한국에서 **일합니다.**

하늘: **에릭** 씨가 어디에서 **일합니까?**

노라: **에릭** 씨는 **한국 회사**에서 **일합니다.**
그리고 **한국어학당에서 저와 같이 한국말을 배웁니다.**

보기 와 같이 쓰십시오.

보기

이 사람은 제 친구 에릭 씨입니다. 에릭 씨는 미국에서 왔습니다.
회사원입니다. 에릭 씨는 한국 회사에서 일합니다.
그리고 한국어학당에서 저와 같이 한국말을 배웁니다.

분 회사 일하다 호텔 신문 그리고 배우다

3 다음 질문으로 친구와 이야기하십시오. 그리고 **보기** 와 같이 쓰고 발표하십시오.

- ______ 씨, 어디에서 한국말을 배웁니까?
- 누가 한국말을 가르칩니까?
- 보통 어디에서 숙제합니까?
- ______ 이/가 ______ 습니까/ㅂ니까?
- ______ 이/가 어디에 있습니까?
- ______ 근처에 무엇이 있습니까?
- ______ 근처에 ______ 도 있습니까?
- ______ 씨, 친구와 같이 무엇을 합니까?

보기

저는 한국어학당에서 한국어를 배웁니다.
김 선생님이 한국어를 가르칩니다.
저는 보통 하숙집에서 숙제합니다.
하숙집이 조용합니다.
하숙집은 신촌에 있습니다.
하숙집 근처에 서점과 백화점이 있습니다. 은행도 있습니다.
저는 친구와 같이 커피를 마십니다. 그리고 친구와 같이 공부합니다.

가르치다　근처　보통　하숙집　조용하다　커피　한국어　백화점

문화

한국의 학교

한국의 학교는 기본적으로 초등학교 6년, 중학교 3년, 고등학교 3년, 대학교 4년인 6-3-3-4학제입니다. 초등학교와 중학교는 국가의 의무교육 과정이고, 초등학교는 보통 만 7세에 입학합니다. 모든 학교가 3월에 새 학기를 시작하고 다음 해 2월 초에 1년 과정이 끝납니다. 1년에 두 학기가 있고 여름방학, 겨울방학, 봄방학이 있습니다.

한국 사람들이 '**학생입니까?**', '**어느 학교에 다닙니까?**', '**몇 학년입니까?**'라고 물으면 '**대학생입니다.**', '**연세대학교에 다닙니다.**', '**1학년입니다.**'라고 대답하십시오.

학교	학년
어린이집/유치원	
초등학교	1학년
	2학년
	3학년
	4학년
	5학년
	6학년
중학교	1학년
	2학년
	3학년
고등학교	1학년
	2학년
	3학년
대학교	1학년
	2학년
	3학년
	4학년

05과 고향

1. 저는 고향에 가고 싶습니다

• 학습목표: 하고 싶은 일을 설명할 수 있다.

Ⅰ. 준비해 봅시다

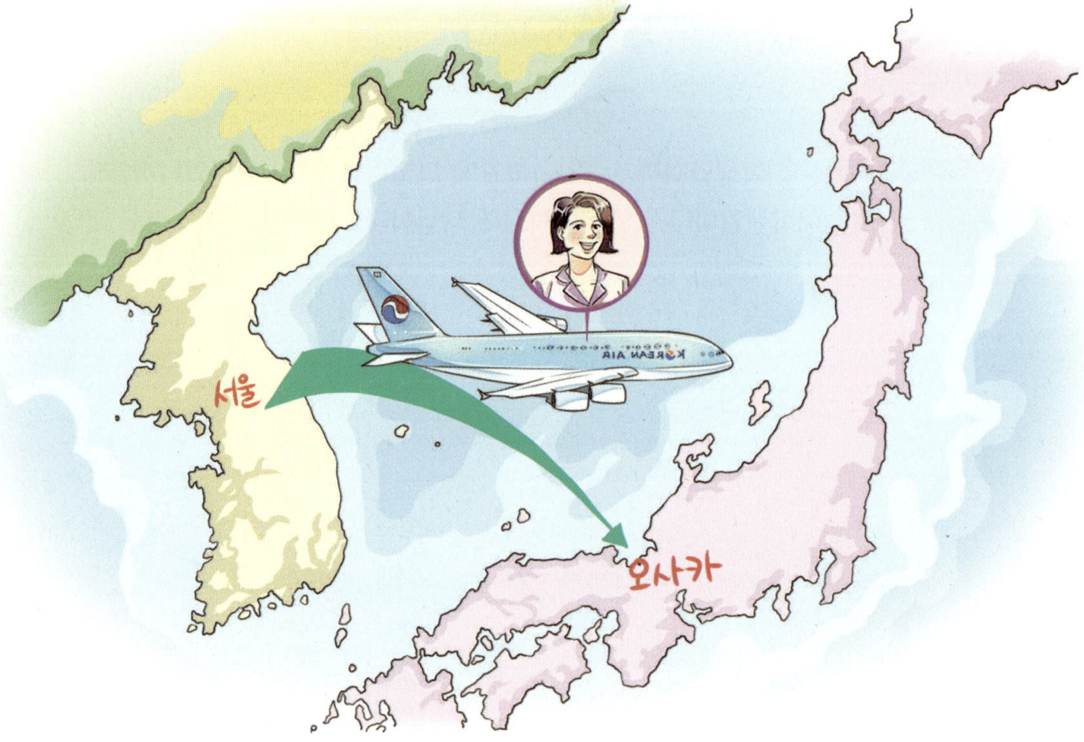

- 유키 씨가 어디에 갑니까?
- 유키 씨 고향은 어디입니까?

. 이야기해 봅시다

1 보기와 같이 친구와 이야기하십시오.

보기

하늘: 윤아 씨, 지금 어디에 갑니까?

윤아: 경주에 갑니다.

하늘: 경주가 고향입니까?

윤아: 아니요, 제 고향은 제주도입니다.

서울역 지금 가다 고향 경주 제주도

2 보기와 같이 친구와 이야기하십시오.

보기

하늘: 에릭 씨, 무엇을 하고 싶습니까?

마크: 저는 고향에 가고 싶습니다.

하늘: 고향이 어디입니까?

마크: 미국 뉴욕입니다.

하늘: 고향에서 무엇을 하고 싶습니까?

마크: 가족과 같이 여행을 하고 싶습니다.

친구가 무엇을 하고 싶어 합니까? 보기와 같이 이야기하십시오.

보기

흐엉: 하늘 씨, 마크 씨가 무엇을 하고 싶어 합니까?

하늘: 마크 씨가 고향에 가고 싶어 합니다.

흐엉: 마크 씨가 고향에서 무엇을 하고 싶어 합니까?

하늘: 마크 씨가 가족과 같이 여행을 하고 싶어 합니다.

가족 여행

Ⅲ. 써 봅시다

보기 와 같이 쓰고 발표하십시오.

보기

저는 유키입니다. 제 고향은 일본 오사카입니다.

저는 고향**에 가고 싶습니다.** 가족을 만나**고 싶습니다.**

고향에서 가족과 같이 고향 음식을 먹**고 싶습니다.**

그리고 고향 친구도 만나**고 싶습니다.**

고향 친구와 같이 이야기하**고 싶습니다.**

친구에 대해서 보기 와 같이 쓰고 발표하십시오.

보기

유키 씨는 제 친구입니다. 유키 씨 고향은 일본 오사카입니다.

유키 씨는 고향에 가**고 싶어 합니다.** 가족을 만나**고 싶어 합니다.**

고향에서 가족과 같이 고향 음식을 먹**고 싶어 합니다.**

그리고 고향 친구도 만나**고 싶어 합니다.**

고향 친구와 같이 이야기하**고 싶어 합니다.**

오사카 만나다 음식 이야기하다

05과 고향

2. 경복궁이 조용하고 아름답습니다

• 학습목표: 장소와 사람의 특징을 설명할 수 있다.

Ⅰ. 준비해 봅시다

- 여기가 어디입니까?
- 여기가 어떻습니까?

II. 이야기해 봅시다

1 그림을 보고 보기 와 같이 이야기 하십시오.

보기

안나: 미선 씨, 고향이 어디입니까?

미선: 제 고향은 서울입니다.

안나: 서울에 무엇이 있습니까?

미선: 서울에 롯데월드하고 경복궁이 있습니다.

안나: 경복궁이 어떻습니까?

미선: 경복궁이 조용하고 아름답습니다.

서울 롯데월드 경복궁 인천 공항 차이나타운 한라산 해수욕장 설악산
바다 불국사 호수 부산 해운대 시장 아름답다 어떻다

2 친구 고향이 어디입니까? 보기 와 같이 '네', '아니요'로 대답할 수 있는 질문을 하십시오.

보기

에릭: 윤아 씨 고향에 바다가 있습니까?
윤아: 네, 바다가 있습니다.
에릭: 날씨가 춥습니까?
윤아: 아니요, 춥지 않습니다.
에릭: 윤아 씨 고향이 부산입니까?
윤아: 아니요, 부산이 아닙니다.
에릭: 고향에 공항이 있습니까?
윤아: 네, 공항도 있습니다.
에릭: 윤아 씨 고향이 제주도입니까?
윤아: 네, 제 고향이 제주도입니다.

산 춥다

III. 써 봅시다

여러분의 고향은 어떻습니까? 친구와 이야기하십시오.

- 고향이 어디입니까?
- 고향 날씨가 어떻습니까?
- 고향 사람들이 어떻습니까?
- 고향에 무엇이 있습니까? 그것이 어떻습니까?
- 고향 친구 이름이 무엇입니까? 그 친구는 어떻습니까?
- 고향에서 무엇을 하고 싶습니까?

여러분의 고향에 대해서 보기 와 같이 쓰고 발표하십시오.

보기

저는 이탈리아에서 왔습니다. 제 고향은 이탈리아 나폴리입니다. 나폴리는 날씨가 춥**지 않습니다.** 나폴리는 바다가 아름답**고** 음식이 아주 맛있습니다. 나폴리 피자는 외국 사람들도 좋아합니다. 저는 빨리 고향에 가고 싶습니다. 가족도 만나고 고향 음식도 먹고 싶습니다.

나폴리 날씨 맛있다 피자 외국 좋아하다 빨리

06과 학교생활

1. 저는 오전에 한국어를 공부합니다

• 학습목표: 시간을 사용해서 일과를 설명할 수 있다.

Ⅰ. 준비해 봅시다

- 사람들이 무엇을 합니까?
- 여러분은 날마다 무엇을 합니까?

Ⅱ. 이야기해 봅시다

1 보기 와 같이 이야기하십시오.

오전 7:00

오전 8:30

오후 1:00

오후 3:00

오후 5:00

오후 7:00

오후 9:00

오후 11:00

보기

에릭: 유키 씨, 몇 시에 일어납니까?

유키: 저는 일곱 시에 일어납니다.

몇 시 일어나다

2 여러분은 무엇을 합니까? 표에 쓰고 보기 와 같이 이야기하십시오.

시간 \ 이름	오전		오후				
	7:00 -8:00	9:00 -1:00	1:30 -2:00	2:30 -4:30	5:00 -7:30	8:00 -9:00	9:30 -11:00
리타오	운동	한국어 공부	점심	숙제	아르바이트	저녁	컴퓨터

보기

에 릭: 리타오 씨, 오전에 무엇을 합니까?
리타오: 저는 오전에 한국어를 공부합니다.
에 릭: 오후에 무엇을 합니까?
리타오: 오후에 아르바이트를 합니다.
에 릭: 몇 시부터 몇 시까지 아르바이트를 합니까?
리타오: 다섯 시부터 일곱 시 반까지 아르바이트를 합니다.
에 릭: 그리고 무엇을 합니까?
리타오: 컴퓨터를 합니다.

연습하기

시간 \ 이름						

오전 오후 아르바이트 컴퓨터 점심 저녁

III. 써 봅시다

여러분은 날마다 무엇을 합니까? 보기 와 같이 쓰고 발표하십시오.

보기

저는 여섯 시 반**에** 일어납니다.
일곱 시**부터** 여덟 시**까지** 운동을 합니다.
여덟 시 반**에** 학교에 옵니다.
학교 식당에서 김밥을 먹습니다.
아홉 시**부터** 한 시**까지** 한국어를 공부합니다.
한 시 반**에** 친구하고 같이 점심을 먹습니다.
두 시 반**부터** 네 시 반**까지** 도서관에서 숙제를 합니다.
그리고 다섯 시**부터** 일곱 시 반**까지** 아르바이트를 합니다.
여덟 시**에** 저녁을 먹습니다.
아홉 시 반**부터** 열한 시**까지** 컴퓨터를 합니다.
열두 시**에** 잡니다.

연습하기

운동 오다 김밥 자다

06과 학교생활

2. 의자에 앉으십시오

• 학습목표: 학교생활을 이야기할 수 있다.

Ⅰ. 준비해 봅시다

- 학생들이 학교에서 무엇을 합니까?
- 여러분은 학교에서 무엇을 합니까?

이야기해 봅시다

1 보기 와 같이 이야기하십시오.

보기

선생님: 존 씨, 의자에 앉으십시오.
존 : 네.
선생님: 유키 씨, 휴대전화를 보지 마십시오.
유 키: 네, 죄송합니다.

앉다 죄송하다

2 보기 와 같이 이야기하십시오.

보기

노라: 음악회가 몇 시입니까?
흐엉: 7시 30분입니다.
노라: 제가 몇 시에 갈까요?
흐엉: 7시 15분에 오십시오.
노라: 어디에서 합니까?
흐엉: 학생회관 704호입니다.
노라: 표가 얼마입니까?
흐엉: 14,000원입니다.
노라: 제가 뭘 준비할까요?
흐엉: 물을 사십시오.

음악회 분 호 표 얼마 원 준비하다 물 콘서트

III. 써 봅시다

보기 와 같이 학교 친구에게 문자메시지를 쓰십시오.

보기

YONSEI TALK

노라: 유키 씨, 저는 유키 씨하고 같이 한국어를 공부하고 싶습니다.

유키: 저도 노라 씨와 같이 공부하고 싶습니다. 제가 노라 씨 집에 갈**까요?**

노라: 네, 우리 집에 오**십시오.**

유키: 제가 몇 시에 갈**까요?**

노라: 3시에 오**십시오.**

유키: 어떻게 갑니까?

노라: 버스를 타**십시오.**

유키: 몇 번 버스를 탈**까요?**

노라: 192번 버스를 타**십시오.**

유키: 네.

노라: 제가 과자를 살**까요?**

유키: 네, 과자를 사십**시오.**

ENTER

어떻게 버스 타다 번 과자

연습하기

YONSEI TALK

흐엉: 에릭씨, 저는 ________ 고 싶습니다.

에릭: 저도 ________ 고 싶습니다. 제가 ________ 을까요/ㄹ까요?

흐엉: 네, ________ 으십시오/십시오.

에릭: 제가 몇 시에 ________ 을까요/ㄹ까요?

흐엉: ________ 으십시오/십시오.

에릭: 어떻게 갑니까?

흐엉: ________ 으십시오/십시오.

에릭: ________ 을까요/ㄹ까요?

흐엉: ________ 으십시오/십시오.

에릭: 네.

흐엉: ________ 을까요/ㄹ까요?

에릭: 네, ________ 으십시오/십시오.

ENTER

연습하기

YONSEI TALK

주앙: 존 씨, 저는 _____ 고 싶습니다.

존: 저도 _____ 고 싶습니다. 제가 _____ 을까요/ㄹ까요?

주앙: 네, _____ 으십시오/십시오.

존: 제가 몇 시에 _____ 을까요/ㄹ까요?

주앙: _____ 으십시오/십시오.

존: 어떻게 갑니까?

주앙: _____ 으십시오/십시오.

존: _____ 을까요/ㄹ까요?

주앙: _____ 으십시오/십시오.

존: 네.

주앙: _____ 을까요/ㄹ까요?

존: 네, _____ 으십시오/십시오.

ENTER

복습 5-6과

1 선생님이 학생들에게 이야기합니다. 쓰고 발표하십시오.

시험지에 이름을 쓰십시오.

휴대 전화를 ＿＿＿＿＿＿으십시오/십시오.

에릭 씨와 유키 씨, ＿＿＿＿＿＿지 마십시오.

하늘 씨, ＿＿＿＿＿＿으십시오/십시오.

리타오 씨, ＿＿＿＿＿＿지 마십시오.

노라 씨, ＿＿＿＿＿＿지 마십시오.

쓰기 시험은 ＿＿＿＿＿＿부터 ＿＿＿＿＿＿까지입니다.

듣기 시험은 ＿＿＿＿＿＿부터 ＿＿＿＿＿＿까지입니다.

여러분, 시험을 잘 보십시오.

시험지　쓰다　쓰기 시험　듣기 시험　시험을 보다　잘　여러분

2 보기 와 같이 이야기하십시오.

보기

마크: 저는 주말에 친구와 같이 서울을 구경하고 싶습니다.
어디에 갈까요?

리나: 한강에 가십시오. 한강이 좋습니다.

마크: 한강에서 무엇을 할까요?

리나: 자전거를 타십시오.

주말　구경하다　한강　좋다　자전거　남산　인사동　동대문시장　홍대

3 다음 질문으로 친구와 이야기하십시오. 그리고 보기 와 같이 쓰고 발표하십시오.

- 보통 몇 시에 일어납니까?
- 오전에/오후에 무엇을 합니까?
- 몇 시부터 몇 시까지 ________ 습니까/ㅂ니까?
- 날마다 바쁩니까?
- 주말에 어디에 가고 싶습니까?
- 누구와 같이 가고 싶습니까?
- ________ 에서 무엇을 하고 싶습니까?
- ________ 이/가 어떻습니까?

보기

저는 보통 여덟 시에 일어납니다. 오전에 학교에서 한국말을 공부합니다. 아홉 시부터 한 시까지 한국말을 공부합니다. 오후에 도서관에서 숙제를 합니다. 저는 날마다 바쁩니다.

주말에 저는 부산에 가고 싶습니다. 반 친구와 같이 가고 싶습니다. 부산에 바다가 있습니다. 바다에서 수영을 하고 싶습니다. 부산은 공기가 좋고 따뜻합니다.

날마다 수영 공기 따뜻하다

문화

나이

한국에서는 아이가 태어나면 한 살입니다. 그리고 해가 바뀔 때마다 한 살씩 많아집니다. 그래서 한국에서 나이를 물을 때 '**몇 살입니까?**' 또는 '**한국 나이로 몇 살입니까?**' 라고 질문합니다. 이것은 한국의 나이가 다른 나라에서 말하는 나이와 좀 다르기 때문입니다. 어른께는 '**연세가 어떻게 되십니까?**'라고 질문합니다. 나이를 이야기할 때는 '**_살입니다.**'라고 이야기합니다.

1살	한 살
2살	두 살
3살	세 살
4살	네 살
5살	다섯 살
6살	여섯 살
7살	일곱 살
8살	여덟 살
9살	아홉 살
10살	열 살

11살	열한 살
12살	열두 살
13살	열세 살
14살	열네 살
⋮	⋮
20살	스무 살
21살	스물한 살
22살	스물두 살
23살	스물세 살
24살	스물네 살

30살	서른 살
40살	마흔 살
50살	쉰 살
60살	예순 살
70살	일흔 살
80살	여든 살
90살	아흔 살
100살	백 살

07과 음식

1. 저는 한식을 좋아합니다

• 학습목표: 좋아하는 것을 말할 수 있다.

I. 준비해 봅시다

- 어느 나라 음식입니까?
- 여러분은 어느 나라 음식을 먹고 싶습니까?

II. 이야기해 봅시다

1 그림을 보고 보기 와 같이 이야기하십시오.

보기

마크: 리나 씨, 무슨 과일을 좋아합니까?

리나: 저는 딸기를 좋아합니다.

마크: 과일을 자주 먹습니까?

리나: 네, 자주 먹습니다.

무슨　과일　딸기　자주

2 여러분은 무슨 음식을 좋아합니까? 보기 와 같이 친구와 이야기하십시오.

보기

에릭: 유키 씨, 무슨 음식을 좋아합니까?

유키: 저는 한식을 좋아합니다. 닭갈비를 아주 좋아합니다.

에릭: 닭갈비는 맛이 어떻습니까?

유키: 조금 맵습니다. 에릭 씨는 무슨 음식을 좋아합니까?

에릭: 저도 한식을 좋아합니다.

유키: 요즘 무엇을 자주 먹습니까?

에릭: 학교 근처 한식집에서 칼국수를 자주 먹습니다.

한식　닭갈비　맛　조금　맵다　요즘　한식집　칼국수

III. 써 봅시다

반 친구와 질문하고 대답하십시오.

- 지금 어디에 삽니까?
- 집이 멉니까?
- 무슨 음식을 좋아합니까?
- 음식을 자주 만듭니까?
- 무슨 노래를 좋아합니까?
- 주말에 보통 누구하고 같이 놉니까?

여러분의 한국 생활이 어떻습니까? 보기 와 같이 쓰고 발표하십시오.

보기

저는 지금 한국 친구 집에서 **삽니다**.
친구 집이 조금 **멉니다**.
친구 집은 깨끗하고 조용합니다.
저는 한국 음식을 좋아합니다.
불고기를 아주 좋아합니다.
불고기는 조금 **답니다**.
한국 친구와 같이 가끔 불고기를 **만듭니다**.
저는 한국 노래를 좋아합니다.
한국 가수를 잘 **압니다**.
주말에 보통 한국 친구와 같이 **놉니다**.
한국 친구와 같이 영화도 보고 쇼핑도 합니다.

살다 멀다 깨끗하다 달다 가끔 불고기 만들다 노래 알다 놀다 쇼핑

07과 음식

2. 몇 인분 주문할까요?

• 학습목표: 음식을 주문하고 음식에 대해서 설명할 수 있다.

Ⅰ. 준비해 봅시다

- 두 사람이 무엇을 합니까?
- 여러분은 무슨 음식을 주문하고 싶습니까?

이야기해 봅시다

1 그림을 보고 보기 와 같이 이야기하십시오.

음식 이름	떡볶이
맛	맵다

음식 이름	간장 게장
맛	짜다

음식 이름	팥빙수
맛	달다

음식 이름	탕수육
맛	달고 시다

보기

에릭: 이 음식 이름이 무엇입니까?
우진: 떡볶이입니다.
에릭: 떡볶이는 맛이 어떻습니까?
우진: 조금 맵습니다. 그렇지만 아주 맛있습니다.
에릭: 주말에 같이 떡볶이를 먹을까요?
우진: 네, 그럽시다.

떡볶이　간장 게장　짜다　팥빙수　탕수육　시다　그렇지만　그럽시다

2 메뉴판을 보고 보기 와 같이 이야기하십시오.

MENU

김밥	3,000
떡볶이	4,500
라면	3,500
칼국수	5,000

식사

간장게장	35,000
냉면	8,000
김치찌개	7,500
갈비탕	12,000

PIZZA

피자	20,000
스파게티	13,000
치킨	17,000
샌드위치	5,000

MENU

커피	5,000
녹차	4,500
콜라	2,000
팥빙수	6,000

보기

에 릭: 이 식당은 무슨 음식이 맛있습니까?
우 진: 떡볶이가 맛있습니다.
에 릭: 그럼 떡볶이를 먹을까요?
우 진: 네, 그럽시다.
에 릭: 몇 인분 주문할까요?
우 진: 이 인분 주문합시다.
에 릭: 김밥도 주문할까요?
우 진: 아니요, 김밥은 주문하지 맙시다.
에 릭: 여기요.
종업원: 네, 뭘 드릴까요?
에 릭: 떡볶이 이 인분 주십시오. 그리고 물도 주십시오.

라면 냉면 김치찌개 갈비탕 스파게티 치킨 샌드위치
녹차 콜라 인분 주문하다 종업원 드리다

III. 써 봅시다

여러분 나라의 음식에 대해서 보기 와 같이 쓰고 발표하십시오.

보기

이 음식 이름은 떡볶이입니다.
떡볶이는 조금 맵습니다.
그렇지만 아주 맛있습니다.
그래서 한국 사람들도 좋아하고 외국 사람들도 좋아합니다.
오늘 점심에 같이 떡볶이를 먹**을까요?**

연습하기

그래서

08과 하루 생활

1. 저는 내일 바쁘지 않아요

• 학습목표: 날짜와 요일을 말할 수 있다.

Ⅰ. 준비해 봅시다

- 유키 씨가 토요일에 무엇을 합니까?
- 여러분은 토요일에 무엇을 합니까?

이야기해 봅시다

1 보기와 같이 이야기하십시오.

보기

마크: 유키 씨 생일이 언제예요?

리나: 유키 씨 생일이 7월 30일이에요.

마크: 무슨 요일이에요?

리나: 일요일이에요.

현충일 생일 언제 월 일 요일 일요일

2 보기 와 같이 이야기하십시오.

보기

유키: 에릭 씨, 내일 시간이 있어요?

에릭: 내일이 며칠이에요?

유키: 4월 5일이에요. 목요일이에요.

에릭: 저는 내일 바쁘지 않아요. 시간이 있어요.

유키: 그럼 같이 밥을 먹을까요?

에릭: 네, 행복식당에서 같이 밥을 먹어요.

내일 시간 며칠 목요일

III. 써 봅시다

여러분 나라의 특별한 날에 대해서 보기 와 같이 이야기하십시오.

보기

마크: 하늘 씨, 한국에 선생님 날이 있어요?

하늘: 네, 한국에 선생님 날이 있어요.

마크: 선생님 날이 몇 월 며칠이에요?

하늘: 5월 15일이에요.

마크: 선생님 날에 무엇을 해요?

하늘: 학생들이 감사 편지를 써요.

보기 와 같이 쓰고 발표하십시오.

보기

한국에 선생님 날이 있**어요.**

선생님 날은 5월 15일**이에요.**

선생님 날에 학생들이 감사 편지를 **써요.**

연습하기

선생님 날 감사 편지

08과 하루 생활

2. 저는 아침을 먹고 학교에 가요

• 학습목표: 하루 일과를 설명할 수 있다.

I. 준비해 봅시다

- 노라 씨가 무엇을 합니까?
- 여러분은 아침에 무엇을 합니까?

I. 이야기해 봅시다

1 보기와 같이 이야기하십시오.

보기

존 : 에릭 씨, 보통 점심을 먹고 무엇을 해요?

에릭: 저는 보통 점심을 먹고 숙제를 해요.

존 : 숙제를 하고 뭘 해요?

에릭: 저는 숙제를 하고 학원에서 영어를 가르쳐요.

학원 영어

2 그림을 보고 이야기를 만드십시오.

주앙 씨가 7시에 일어나요.

비가 와요. 그래서 창문을 닫아요.

주앙 씨가 오전에 학교에서 한국어 게임을 해요.

주앙 씨가 잘했어요. 그래서 선물을 ______어요/아요/여요.

기분이 좋아요. 주앙 씨가 점심을 먹고 공원에서 산책을 해요.

유키 씨하고 같이 30분쯤 ______어요/아요/여요.

주앙 씨가 옷 가게에서 아르바이트를 하고 싶어해요.

사장님이 주앙 씨 나이하고 전화번호를 ______어요/아요/여요.

주앙 씨가 집에서 음악을 ______어요/아요/여요.

주앙 씨가 저녁에 친구하고 여행을 가요.

차에 가방을 ______고 친구를 기다려요.

비가 오다　창문　닫다　잘하다　선물　기분　산책　쯤　옷 가게　사장님
나이　전화번호　차　기다리다

III. 써 봅시다

여러분은 날마다 무엇을 합니까? 보기 와 같이 이야기하십시오.

보기

에릭: 유키 씨, 아침을 먹고 학교에 가요? 아침을 먹지 않고 학교에 가요?

유키: 저는 보통 아침을 먹고 학교에 가요.
그렇지만 가끔 아침을 먹지 않고 학교에 가요.

에릭: 언제 점심을 먹어요?

유키: 저는 학교에서 공부를 하고 점심을 먹어요.

보기 와 같이 쓰고 발표하십시오.

보기

저는 보통 아침을 먹**고** 학교에 가요.
그렇지만 가끔 아침을 먹지 않**고** 학교에 가요.
학교에서 한국말을 공부하**고** 친구들과 같이 식당에서 점심을 먹어요.

연습하기

1 파티를 준비합니다. 보기 와 같이 이야기하십시오.

보기

에릭: 무슨 음식을 만들까요?
유키: 한식을 만듭시다.
에릭: 친구들이 무슨 과일을 좋아해요?
유키: 친구들이 딸기를 좋아해요.
에릭: 무슨 차를 준비할까요?
유키: 유자차를 준비합시다.
에릭: 꽃도 삽시다. 무슨 꽃을 살까요?
유키: 장미꽃을 삽시다.
에릭: 네, 그럽시다.

파티 차 유자차 장미꽃 허브티 홍차 인삼차

2 보기 와 같이 친구와 이야기하십시오.

보기

흐 엉: 오늘이 몇 월 며칠이에요?
리타오: 5월 2일이에요.
흐 엉: 무슨 요일이에요?
리타오: 화요일이에요.
흐 엉: 리타오 씨는 화요일에 보통 무엇을 해요?
리타오: 저는 화요일에 점심을 먹고 아르바이트를 해요.
흐 엉: 아르바이트를 하고 무엇을 해요?
리타오: 아르바이트를 하고 카페에서 숙제를 해요.
흐 엉: 숙제를 하고 집에 가요?
리타오: 네, 저는 숙제를 하고 집에 가요.

화요일 카페

3 다음 질문으로 친구와 이야기하고 보기 와 같이 쓰십시오.

- ______ 씨는 어디에 삽니까?
- ______ 씨, 집이 멉니까?
- 무슨 음악을 좋아합니까?
- 그 음악을 자주 들어요?
- 오늘은 몇 월 며칠이에요?
- 오늘은 무슨 요일이에요?
- 점심을 먹고 뭘 해요?
- ______ 고 뭘 해요?

보기

오늘은 1월 23일이에요. 월요일이에요. 저는 월요일에 보통 학교에서 공부하고 도서관에서 숙제를 해요. 숙제를 하고 체육관에서 운동을 합니다. 운동을 하고 5시부터 9시까지 빵집에서 아르바이트를 해요. 아르바이트를 하고 집에 갑니다.

저는 명동 근처에 삽니다. 우리 집은 조금 멀어요. 밤에 가족들하고 전화를 하고 음악을 들어요. 저는 한국 음악을 좋아해요. 케이팝을 자주 들어요. 저는 11시에 자요.

월요일 명동 밤 케이팝

문화

한국인의 식사 예절

한국인과 식사를 할 때에는 지켜야 하는 예절이 있습니다. 식사를 하기 전에 '**잘 먹겠습니다.**'라고 인사를 하고 밥을 먹습니다. 다 먹은 후에는 '**잘 먹었습니다.**'라고 인사를 합니다.

윗사람과 함께 밥을 먹을 때에는 윗사람이 먼저 식사를 시작한 후에 수저를 듭니다.

윗사람이 잔에 술을 따라 주실 때에는 술잔을 양손으로 잡고 술을 받습니다. 윗사람 앞에서 술을 마실 때에는 몸을 약간 옆으로 돌려서 마십니다. 윗사람에게 물이나 술을 따라 드릴 때에도 물병이나 술병을 양손으로 잡고 공손히 따라 드립니다.

09과 주말

1. 저는 주말에 친구들과 같이 농구를 해요

• 학습목표: 주말 활동에 대해서 이야기할 수 있다.

Ⅰ. 준비해 봅시다

- 사람들이 무엇을 합니까?
- 여러분은 주말에 보통 무엇을 합니까?

이야기해 봅시다

1 그림을 보고 보기 와 같이 이야기하십시오.

보기

마크: 에릭 씨, 요즘 무슨 운동을 해요?

에릭: 저는 주말에 친구들과 같이 농구를 해요.

마크: 농구가 재미있어요?

에릭: 네, 힘들지만 재미있어요.

농구　재미있다　힘들다

2 그림을 보고 보기 와 같이 이야기하십시오.

보기

유키: 에릭 씨, 지금 어디에 가요?

에릭: 서점에 가요.

유키: 서점에 뭘 사러 가요?

에릭: 한국어 교과서를 사러 가요.

유키: 한국어 공부가 어때요?

에릭: 한국어 공부가 재미있지만 숙제가 좀 많아요.

좀

Ⅲ. 써 봅시다

여러분은 주말에 무엇을 합니까? 보기 와 같이 쓰고 발표하십시오.

보기

저는 요리를 좋아합니다.
그래서 생선과 과일을 사**러** 시장에 자주 갑니다.
그 시장은 좀 작**지만** 물건이 좋고 값이 쌉니다.
그리고 주말에 친구와 같이 자주 요리를 합니다.
한식도 만들고 일식도 만듭니다.

연습하기

요리 생선 물건 값 싸다 일식

09과 주말

2. 저는 집에서 쉴 거예요.

• 학습목표: 여러 가지 계획을 말할 수 있다.

Ⅰ. 준비해 봅시다

- 사람들이 무엇을 합니까?
- 여러분은 주말에 무엇을 하고 싶습니까?

I. 이야기해 봅시다

1 계획표를 보고 보기 와 같이 이야기하십시오.

	월	화	수	목	금	토	일
마크	수영	도서관	농구	쇼핑	콘서트	등산	공부
리나	요가	아르바이트	영화	아르바이트	데이트	캠핑	캠핑

보기

마크: 리나 씨, 일요일에 뭘 할 거예요?
리나: 저는 캠핑을 할 거예요.
마크 씨는 뭘 할 거예요?
마크: 저는 공부할 거예요.
리나: 아, 그래요?

여러분의 일주일 계획을 쓰고 친구와 이야기하십시오.

	월	화	수	목	금	토	일
나							

캠핑 요가 데이트 등산

2 그림을 보고 보기 와 같이 말하고 여러분의 주말 계획도 말해 보십시오.

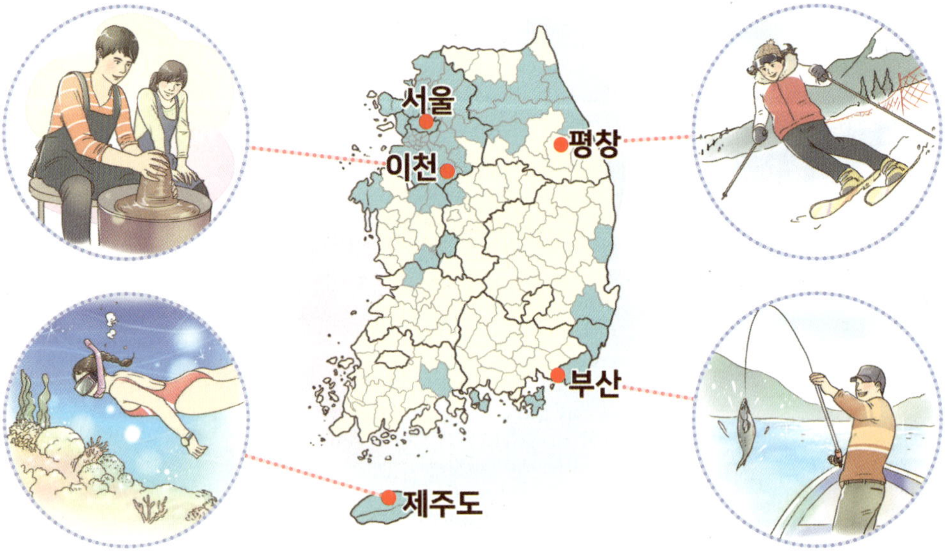

보기

마크: 우진 씨, 주말에 뭘 할 거예요?
우진: 저는 이천에 갈 거예요.
마크: 이천이 가까워요?
우진: 네, 이천이 가까워요.
마크: 우진 씨는 이천에서 뭘 할 거예요?
우진: 저는 도자기를 만들 거예요.
마크: 도자기 만들기가 쉬워요?
우진: 아니요, 조금 어려워요.

이천　가깝다　도자기　만들기　쉽다　평창

Ⅲ. 써 봅시다

보기 와 같이 여러분의 1년 계획을 쓰고 발표하십시오.

	리나의 계획	______ 의 계획
1월		
2월	동생 졸업식	
3월		
4월		
5월	언니 결혼식	
6월		
7월	생일	
8월	제주도 휴가	
9월		
10월	설악산 등산	
11월		
12월	스키장	

보기

올해 저는 아주 바빠요.
2월에 동생 졸업식이 있어요. 그래서 저는 졸업 축하 선물을 **보낼 거예요**.
그리고 5월에 언니가 결혼을 해요. 저는 결혼식을 보러 고향에 **갈 거예요**.
7월 10일은 제 생일이에요. 저는 생일에 친구와 같이 파티를 **할 거예요**.
8월은 날씨가 아주 **더워요**. 그래서 제주도에 **갈 거예요**.
10월에는 등산하러 설악산에 **갈 거예요**.
그리고 저는 스키를 아주 좋아해요. 그래서 12월에 스키를 타러 **갈 거예요**.

졸업식 언니 결혼식 휴가 스키장 올해 결혼 덥다 스키

10과 과거 일

1. 저는 작년 8월 20일에 한국에 왔어요

• 학습목표: 과거의 일을 설명할 수 있다.

Ⅰ. 준비해 봅시다

- 올리비아 씨가 무엇을 했습니까?
- 여러분은 그때 무엇을 했습니까?

Ⅱ. 이야기해 봅시다

1 보기 와 같이 이야기하십시오.

보기

마크: 에릭 씨, 어제 학교에 갔어요?

에릭: 아니요, 학교에 안 갔어요. 집에 있었어요.

마크: 집에서 무엇을 했어요?

에릭: 한국 드라마를 봤어요.

어제 드라마

2 보기 와 같이 이야기하십시오.

보기

마크: 에릭 씨, 지난 주말에 무엇을 했어요?

에릭: 지난 주말에 공원에 갔어요.

마크: 공원에서 무엇을 했어요?

에릭: 주앙 씨와 같이 축구를 했어요.

마크: 재미있었어요?

에릭: 아니요, 재미없었어요. 힘들었어요.

지난 공원 축구 재미없다

III. 써 봅시다

보기 와 같이 친구와 이야기하십시오.

보기

마크: 리나 씨, 언제 한국에 왔어요?
리나: 저는 작년 8월 20일에 한국에 왔어요.
마크: 왜 한국에 왔어요?
리나: 저는 한국 노래를 좋아해요. 한국말을 잘하고 싶어요.
그래서 한국에 왔어요.
마크: 고향에서 한국말을 배웠어요?
리나: 아니요, 고향에서 한국말을 안 배웠어요.
마크: 한국 생활이 재미있어요?
리나: 네, 재미있어요.
마크: 언제까지 한국에 있을 거예요?
리나: 내년 3월까지 한국에 있을 거예요.

보기 와 같이 쓰고 발표하십시오.

보기

저는 작년 8월 20일에 한국에 왔어요. 저는 한국 노래를 좋아해요. 싸이를 좋아해요. 한국말을 잘하고 싶어요. 그래서 한국에 **왔어요**. 가끔 고향에 가고 싶지만 한국 생활이 재미있어요. 저는 내년 3월까지 한국에 있을 거예요. 한국말을 열심히 공부할 거예요.

작년　내년　생활　열심히

10과 과거 일

2. 일이 많아서 친구를 만나지 못했어요

• 학습목표: 하지 못한 일을 이유와 함께 설명할 수 있다.

I. 준비해 봅시다

- 지난 주말에 주앙 씨가 무엇을 하고 싶어 했습니까?
- 여러분은 지난 주말에 무엇을 하고 싶었습니까?

Ⅰ. 이야기해 봅시다

1 보기 와 같이 이야기하십시오.

보기

에릭: 유키 씨, 지난 주말에 수영을 했어요?

유키: 아니요, 저는 수영을 하지 못했어요.

에릭: 왜 수영을 하지 못했어요?

유키: 비가 와서 하지 못했어요.

2 그림을 보고 이야기를 만드십시오.

노　라: 여자 친구 생일에 데이트를 했어요?

리타오: 아니요. 회사 일이 많아서 여자 친구를 만나지 못했어요.

노　라: 그럼 언제 데이트를 했어요?

리타오: 지난 주말에 데이트를 했어요.
그런데 여자 친구 기분이 좋지 않았어요.

노　라: 왜요?

리타오: ________어서/아서/여서 호텔 식당에서 ________지 못했어요.

노　라: 콘서트를 봤어요?

리타오: 아니요, 콘서트를 보지 못했어요.

노　라: 왜요? ________어서/아서/여서 콘서트를 보지 못했어요?

리타오: 아니요, ________어서/아서/여서 ________지 못했어요.

노　라: 여행을 갔어요?

리타오: 아니요, ________어서/아서/여서 ________지 못했어요.

노　라: 생일 선물을 줬어요?

리타오: 아니요.

노　라: 왜요? ________어서/아서/여서 ________지 못했어요?

리타오: 아니요, ________어서/아서/여서 ________지 못했어요.
내년에는 잘 준비할 거예요.

일　여자 친구　왜　주다

III. 써 봅시다

여러분은 지난 주말에 무엇을 했습니까? 무엇을 하지 못했습니까?
보기 와 같이 쓰고 발표하십시오.

보기

저는 지난 주말에 일이 많**아서** 에릭 씨 생일 파티에 가**지 못했어요**.
옷 가게에서 8시까지 아르바이트를 했어요.
저는 아르바이트를 하고 남자 친구를 만나고 싶었어요.
그렇지만 남자 친구가 바빠**서** 만나**지 못했어요**.
그래서 혼자 집에서 저녁을 먹고 텔레비전을 봤어요.

연습하기

생일 파티　남자 친구

복습 9-10과

1 달력을 보고 아래 단어들을 사용해서 보기 와 같이 이야기하십시오.

어때요?

어렵다 덥다 시끄럽다 춥다 아름답다 재미있다 맵다

어디에 가요?

극장 바다 백화점 도서관 운동장 공원

월요일	화요일	수요일	목요일	금요일	토요일	일요일
1	2	3	4 태권도	5 노래방	6 캠핑	7 등산
8	9 찜질방	10 외식	11 오늘	12 영화	13 수영	14 데이트
15	16	17	18	19 공부	20 축구	21 쇼핑
22	23	24	25	26	27	28
29	30	31				

보기

리나: 마크 씨, 지난주 토요일에 숙제를 했어요?

마크: 아니요, 숙제를 안 했어요.

리나: 그럼 뭘 했어요?

마크: 친구들과 캠핑을 했어요.

리나: 캠핑이 어땠어요?

마크: 재미있었지만 밤에 좀 추웠어요.

리나: 이번 주 토요일에는 뭘 할 거예요?

마크: 수영하러 바다에 갈 거예요.

태권도 노래방 찜질방 외식

2 주말에 무엇을 하지 못했습니까? 보기 와 같이 이야기하십시오.

이름	무엇을 하지 못했어요?	왜 하지 못했어요?	언제 할 거예요?
마크	청소	피곤하다	토요일
리나	영화	표가 없다	이번 주말
유진	수영	춥다	다음 달
하늘	숙제	어렵다	오늘 저녁
나			

보기

리나: 마크 씨, 지난 주말에 청소를 했어요?

마크: 아니요, 청소를 하지 못했어요.

리나: 왜 청소를 하지 못했어요?

마크: 피곤해서 하지 못했어요.

리나: 그럼 언제 청소를 할 거예요?

마크: 토요일에 할 거예요.

피곤하다 청소 이번 토요일

3 다음 질문으로 친구와 이야기하십시오. 그리고 보기 와 같이 쓰고 발표하십시오.

- 지난 주말에 어디에 갔어요?
- 뭘 하러 ________ 에 갔어요?
- 그곳이 어땠어요?
- 지난 주말에 뭘 하지 못했어요?

- 왜 ________ 지 못했어요?
- 이번 주말에 어디에 갈 거예요?
- 뭘 하러 ________ 에 갈 거예요?

보기

저는 지난 주말에 친구들과 캠핑을 하러 북한산에 갔어요.
북한산은 경치가 아주 아름다웠어요.
저는 캠핑을 처음 했어요. 밤에 좀 추웠지만 아주 재미있었어요.
마크 씨는 일이 있어서 같이 캠핑을 하러 가지 못했어요.
우리는 다음 달에 캠핑을 하러 갈 거예요. 마크 씨도 같이 갈 거예요.

북한산 경치 처음 달

문화

서울의 과거와 현재

'서울'은 조선시대부터 한국의 수도였습니다. 당시의 지명은 '한양'이었습니다. 과거 조선이 서울을 수도로 정할 때만 해도 지금의 종로구와 중구에 해당하는 지역만이 서울 땅이었습니다. 그 당시 서울은 북악산, 인왕산, 남산 등으로 둘러싸인 아늑한 분지였습니다.

오늘날 서울을 남북으로 가로지르는 한강은 1950년대 말까지만 해도 서울 남쪽 바깥을 흐르는 강이었습니다. 당시 한강에는 한강 철교와 한강 대교만 있어서 한강을 건너다니기가 쉽지 않았습니다. 그러다가 한강 남쪽에 도시가 개발되면서부터 한강의 북쪽과 남쪽을 잇는 다리들이 많이 놓이게 되었습니다. 1960년대 이후 서울은 대략 오늘날의 모습을 갖추게 됐습니다.

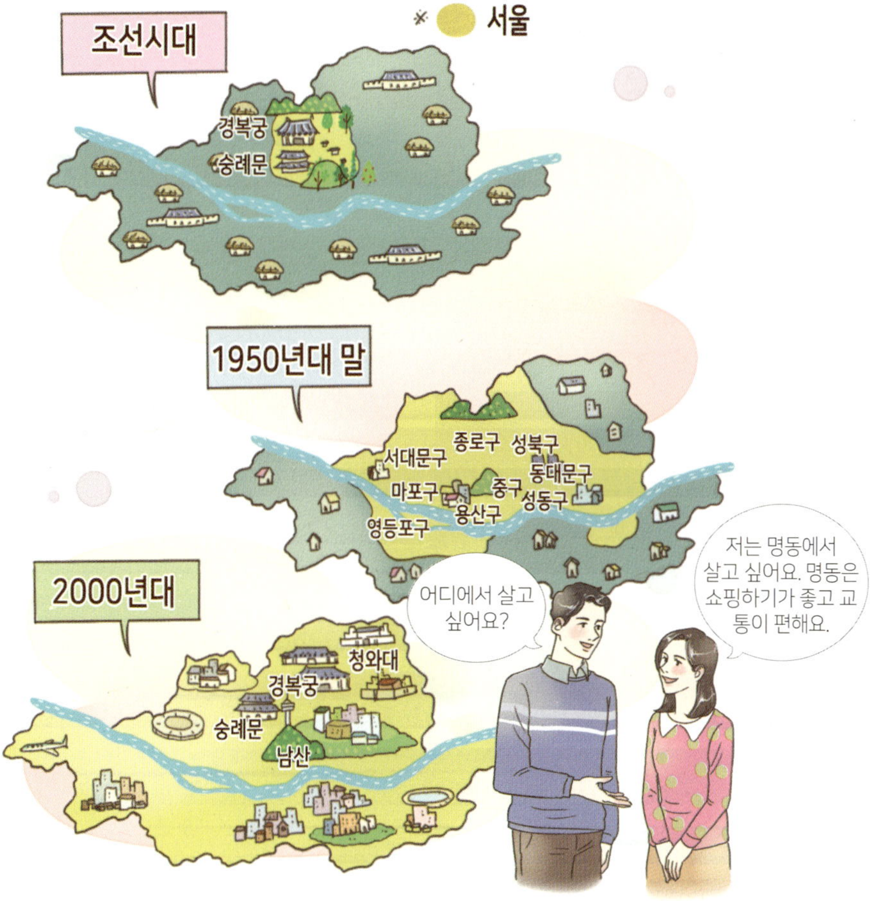

11과 약속

1. 경치가 아름다우니까 남산에 갈까요?

• 학습목표: 약속 시간과 장소를 정할 수 있다.

Ⅰ. 준비해 봅시다

- 이 사람들은 언제 어디에서 만납니까?
- 여러분은 오늘 약속이 있습니까?

I. 이야기해 봅시다

1 보기 와 같이 친구와 이야기하십시오.

보기

유키: 에릭 씨, 지난 금요일 오후에 뭘 했어요?

에릭: 회사 일이 끝난 후에 식당에서 저녁을 먹었어요.

유키: 저녁을 먹은 후에 뭘 했어요?

에릭: 저녁을 먹은 후에 책을 사러 서점에 갔어요.

유키: 책을 산 후에 뭘 했어요?

에릭: 책을 산 후에 집에 갔어요.

금요일

2 그림을 보고 보기 와 같이 친구들과 이야기하십시오.

보기

에 릭: 우리 어디에 놀러 갈까요?

유 키: 경치가 아름다우니까 남산에 갈까요?

리타오: 남산도 좋지만 롯데월드가 재미있으니까 롯데월드에 갑시다.

에 릭: 유키 씨, 롯데월드는 어떻습니까?

유 키: 롯데월드도 좋아요.

리타오: 그럼 롯데월드에 갑시다.

식사하다

III. 써 봅시다

1 표를 보고 보기 와 같이 이야기하십시오.

약속	시간	장소
영화를 보고 점심을 먹습니다	이번 토요일 오전 10시	극장 앞
쇼핑을 하고 노래방에 갑니다	내일 오후 2시	우리 집 앞
테니스를 치고 맥주를 마십니다	이번 금요일 오후 3시	학교 테니스장

보기

에릭: 유키 씨, 언제 영화를 볼까요?

유키: 이번 토요일에 시간이 있으니까 토요일에 영화를 봅시다.

에릭: 그럼, 몇 시에 만날까요?

유키: 제가 오후에 아르바이트가 있으니까 오전 10시에 만납시다.

에릭: 좋아요. 어디에서 만날까요?

유키: 극장 안이 복잡하니까 극장 앞에서 만납시다.

에릭: 영화를 본 후에 점심을 먹을까요?

유키: 네, 영화를 본 후에 같이 점심을 먹읍시다.

2 약속에 대해서 보기 와 같이 쓰고 발표하십시오.

보기

저는 이번 토요일에 친구하고 약속이 있어요.
약속 시간은 10시이고 약속 장소는 극장 앞이에요.
극장 안이 복잡해서 우리는 극장 앞에서 만날 거예요.
제가 오후에 아르바이트가 있어서 오전에 만날 거예요.
우리는 같이 영화를 볼 거예요.
영화를 **본 후에** 같이 점심을 먹을 거예요.

약속　테니스를 치다　테니스장　복잡하다

11과

약속

2. 제가 영화표가 있는데 같이 극장에 갈까요?

• 학습목표: 만나서 무엇을 할지 제안할 수 있다.

Ⅰ. 준비해 봅시다

- 사람들이 무엇을 합니까?
- 여러분은 어디에서 친구를 만납니까?

Ⅱ. 이야기해 봅시다

1 그림을 보고 보기 와 같이 이야기하십시오.

제가 영화표가 있어요.

내일 시험이 있어요.

제가 콘서트 표를 예매했어요.

배가 고파요.

날씨가 더워요.

제가 옷을 사고 싶어요.

보기

마크: 리나 씨, 오후에 약속이 있어요?
리나: 아니요, 약속이 없어요.
마크: 제가 영화표가 있는데 같이 극장에 갈까요?
리나: 네, 좋아요. 같이 극장에 가요.

시험　배가 고프다　옷

2 그림을 보고 보기 와 같이 이야기하십시오.

보기

마크: 리나 씨, 주말에 뭘 할 거예요?

리나: 저는 서울을 구경할 거예요.

마크: 그래요? 어디에 갈 거예요?

리나: 경복궁이나 덕수궁에 갈 거예요.

마크: 서울을 구경한 후에 한국 음식도 먹을 거예요?

리나: 네, 불고기나 삼계탕을 먹을 거예요.

마크: 저도 서울을 구경하고 싶은데 같이 갈까요?

리나: 네, 좋아요. 같이 갑시다.

관악산　덕수궁　청계천　엔(N)서울타워　서울 어린이대공원　올림픽공원
서울미술관　대한민국 역사박물관

III. 써 봅시다

고향 친구가 쓴 이메일을 읽고 보기 와 같이 답장을 쓰십시오.

보기

YONSEI EMAIL

답장 쓰기 | 보내기 | 미리보기 | 임시저장

제목 미카입니다.

리나 씨! 안녕하세요?
저는 다음 주말에 서울에 갈 거예요. 리나 씨, 다음 주말에 시간이 있어요?
리나 씨하고 같이 서울을 구경하고 싶어요. 서울은 어디가 좋아요? 무슨 음식이 맛있어요?
빨리 서울에 가고 싶어요. 리나 씨도 보고 싶어요.
그럼 다음 주말에 만나요.

일본에서 미카

YONSEI EMAIL

답장 쓰기 | 보내기 | 미리보기 | 임시저장

제목 리나입니다.

미카 씨! 안녕하세요?
저는 이번 주에 시험이 끝나서 다음 주말에 시간이 많아요.
저도 미카 씨하고 같이 서울을 구경하고 싶어요. 경복궁이 **아름다운데** 같이 경복궁에 갈까요?
그리고 미카 씨는 한식을 좋아하니까 삼계탕**이나** 불고기를 먹읍시다.
미카 씨! 빨리 보고 싶어요. 그럼 다음 주말에 만나요.

서울에서 리나

연습하기

YONSEI EMAIL

답장 쓰기 | 보내기 | 미리보기 | 임시저장

제목

12과 가족

1. 어머니께서 신문을 읽으십니다

• 학습목표: 존대어를 사용해서 이야기할 수 있다.

Ⅰ. 준비해 봅시다

- 하늘 씨가 누구와 같이 있습니까?
- 여러분 가족이 어디에 있습니까?

Ⅰ. 이야기해 봅시다

1 보기 와 같이 친구와 이야기하십시오.

보기

에릭: 유키 씨, 무엇을 읽으십니까?

유키: 저는 교과서를 읽습니다.

에릭: 어머니께서 무엇을 읽으십니까?

유키: 어머니께서 신문을 읽으십니다.

어머니

2 그림을 보고 보기 와 같이 이야기하십시오.

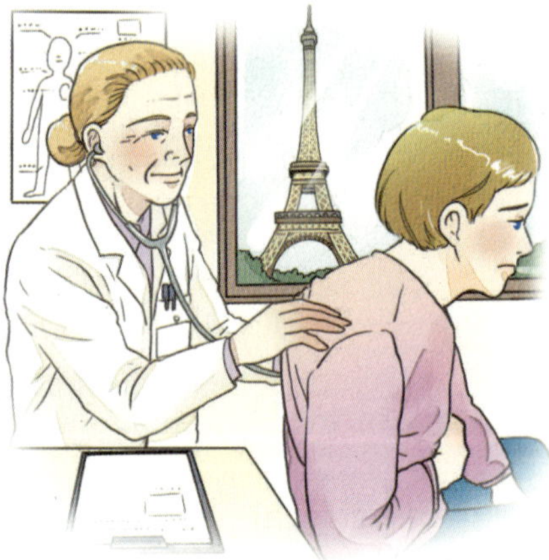

보기

마크: 리나 씨, 아버지께서 고향에 계십니까?

리나: 아니요, 아버지께서 한국에 계십니다.

마크: 아버지께서 무슨 일을 하십니까?

리나: 아버지께서 선생님이십니다. 학교에서 영어를 가르치십니다.

아버지 계시다 여행사

Ⅲ. 써 봅시다

보기 와 같이 메모하고 여러분의 가족을 소개하십시오.

보기

이분은 제 할아버지**이십니다**. 할아버지 고향은 미국 뉴욕입니다. 지금 할아버지**께서** 할머니와 같이 한국 부산에 사**십니다**.
요즘 할아버지**께서** 학교에서 한국어를 배우**십니다**. 미국 사람이지만 한국말을 잘하**십니다**. 할아버지**께서** 한국 노래를 좋아하**셔서** 노래방에 자주 가**십니다**. 그리고 할아버지**께서** 운동도 좋아**하십니다**. 겨울에 스노보드를 타**십니다**.

연습하기

할아버지 할머니 겨울 스노보드

12과 가족

2. 어머니는 노래 부르기를 좋아하세요

• 학습목표: 가족이 좋아하는 일을 설명할 수 있다.

Ⅰ. 준비해 봅시다

- 하늘 씨 가족이 무엇을 합니까?
- 여러분 가족은 주말 아침에 무엇을 합니까?

이야기해 봅시다

1 보기 와 같이 이야기하십시오.

보기

유키: 에릭 씨 아버지는 뭘 좋아하세요?

에릭: 아버지는 골프를 좋아하세요. 아버지는 자주 골프장에 가세요.

유키: 에릭 씨 어머니는 뭘 좋아하세요?

에릭: 어머니는 노래 부르기를 좋아하세요.
일요일 아침마다 노래를 부르세요.

유키: 에릭 씨 할머니는 뭘 자주 하세요?

에릭: 할머니는 책 읽기를 좋아하셔서 소설책을 자주 읽으세요.

골프　골프장　노래 부르기　아침　책 읽기　소설책

2 여러분의 가족은 무엇을 좋아합니까? 보기 와 같이 이야기하십시오.

보기

우리 가족은 아버지, 어머니, 오빠, 저 4명이에요.
아버지는 등산을 좋아하세요. 아버지는 어머니하고 같이 자주 등산을 하세요. 어머니도 등산을 좋아하세요.
그리고 어머니는 요리도 좋아하세요.
어머니는 한식을 자주 만드세요. 중국 음식도 가끔 만드세요. 어머니는 요리를 잘하세요.
오빠는 그림 그리기를 좋아해요. 오빠는 그림 그리기를 좋아하지만 잘 그리지 못해요.
저는 사진 찍기를 좋아해요. 주말에 산이나 강에 사진을 찍으러 가요.

오빠 그림 그리기 그리다 사진 찍기 강 사진 찍다

III. 써 봅시다

보기 와 같이 가족에게 이메일을 쓰고 발표하십시오.

보기

YONSEI EMAIL

답장 쓰기 | 보내기 | 미리보기 | 임시저장

제목 이윤아예요.

할아버지, 안녕하세요? 저는 윤아예요.
서울 생활은 재미있어요.
할아버지, 요즘도 담배를 많이 피우**세요**? 담배를 피우지 마**세요**.
술도 많이 마시지 마**세요**.
날마다 30분쯤 운동을 하**세요**.
빨리 할아버지를 만나고 싶어요.
안녕히 계**세요**.

이윤아 드림

연습하기

YONSEI EMAIL

답장 쓰기 | 보내기 | 미리보기 | 임시저장

제목

담배 피우다 술 안녕히 계세요

복습 11-12과

1 그림을 보고 보기 와 같이 친구와 이야기하십시오.

보기

유키: 내일 부모님께서 한국에 오세요.
그래서 부모님과 같이 한식을 먹으러 갈 거예요.
어디가 좋아요?

노라: 부모님께서 무슨 음식을 좋아하세요?

유키: 두 분이 모두 갈비를 좋아하세요.

노라: 서울 식당이 갈비가 맛있는데 거기에 가세요.

식사 부모님 갈비 거기

2 보기 와 같이 친구와 이야기하십시오.

보기

유키: 에릭 씨, 미안하지만 내일 약속을 지키지 못해요.

에릭: 왜요?

유키: 내일 고향에서 부모님께서 오세요.

에릭: 그럼 약속 시간을 바꿀까요?

유키: 네, 고마워요. 언제가 좋아요?

에릭: 다음 주 토요일이 어때요?

유키: 좋아요. 저도 다음 주 토요일에 한가하니까 그 날 만납시다.

에릭: 몇 시에 만날까요?

유키: 아침 10시나 11시에 만납시다.

에릭: 그럼 10시에 만납시다. 영화를 본 후에 같이 점심도 먹어요.

다음 주　미안하다　약속을 지키다　바꾸다　한가하다

3 다음 질문으로 친구와 이야기한 후에 보기 와 같이 쓰고 발표하십시오.

- ______ 씨, 가족들이 어디에 계세요?
- 가족이 모두 몇 명이에요?
- 할아버지, 할머니가 계세요?
- 가족들이 무슨 일을 하세요?

- 가족들이 무슨 음식을 좋아하세요?
- 가족들 취미가 뭐예요?
- 한국 생활이 어때요?
- 언제 가족을 만나러 갈 거예요?

보기

우리 가족은 일본 오사카에 삽니다.
우리 가족은 부모님, 언니, 저 모두 네 명이에요.
할머니와 할아버지는 안 계십니다.
아버지는 회사원이시고 어머니는 주부이십니다.
언니하고 저는 대학생입니다.
우리 가족은 모두 생선을 좋아해서 어머니가 생선 요리를 자주 하십니다.
아버지는 운동을 좋아하시고 어머니는 노래 부르기를 좋아하십니다.
저는 지금 한국에서 한국말을 공부합니다.
학교생활이 재미있습니다.
이번 학기가 끝난 후에 가족을 만나러 고향에 갈 거예요.

명 취미 주부 대학생 학기

호칭

한국어에는 상대방을 부르는 호칭이 여러 가지 있습니다. 친구는 보통 '**하늘아**', '**윤아야**'와 같이 이름으로 부릅니다. 직장에서 윗사람은 '**사장님, 부장님**'과 같이 직위로 부르고 아랫사람은 보통 '**정하늘 씨**'라고 이름을 부릅니다. 학교나 직장에서 선배에게는 '**선배님**'이나 '**형, 오빠, 누나, 언니**' 같은 가족 호칭을 쓰기도 합니다. 그리고 결혼한 여자에게는 '**아주머니**', 결혼한 남자에게는 '**아저씨**'라고 부릅니다.

13과 쇼핑

1. 이것보다 큰 가방을 사고 싶어요

• 학습목표: 사물을 비교해서 말할 수 있다.

Ⅰ. 준비해 봅시다

- 여기가 어디입니까?
- 여러분은 보통 어디에서 쇼핑합니까?

II. 이야기해 봅시다

1 표에 메모하고 보기 와 같이 이야기하십시오.

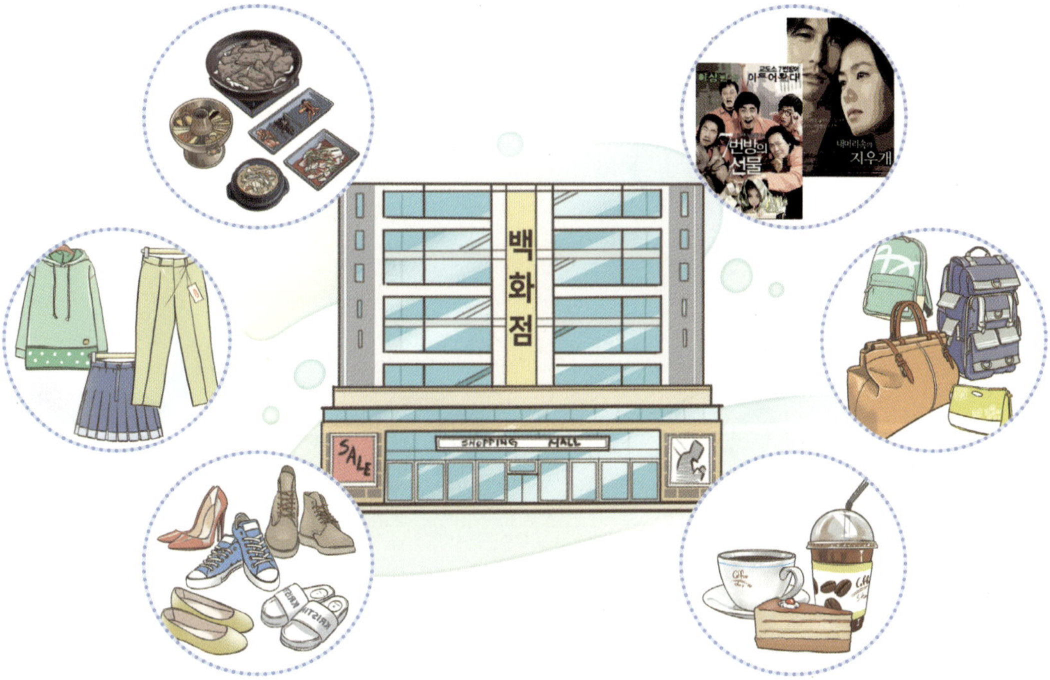

사고 싶은 옷	값이 싸고 예쁜 티셔츠
사고 싶은 신발	편하고 가벼운 운동화
사고 싶은 가방	
먹고 싶은 음식	
가고 싶은 커피숍	
보고 싶은 영화	

보기

유키: 어떤 옷을 사고 싶어요?

노라: 저는 값이 싸고 예쁜 옷을 사고 싶어요.

예쁘다 티셔츠 신발 편하다 가볍다 운동화 어떤

2 그림을 보고 보기 와 같이 이야기하십시오.

109,000원

39,000원

75,000원

99,000원

110,000원

150,000원

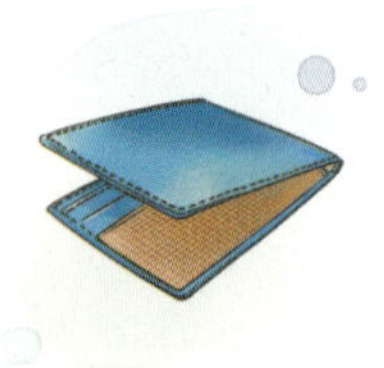
54,000원

137,000원

89,500원

보기

유키: 노라 씨, 이 가방이 어때요? 이 가방은 값이 싸고 가벼워요.

노라: 값이 싸지만 좀 작아요. 저는 큰 가방을 사고 싶어요.

유키: 그럼 저 가방은 어때요?
이 가방보다 값이 좀 비싸지만 크고 주머니가 많아요.

노라: 좋아요. 아주머니, 저 가방을 주세요.

저　비싸다　주머니　아주머니

III. 써 봅시다

여러분은 어디에서 쇼핑합니까? 보기 와 같이 친구와 이야기하십시오.

보기

노라: 유키 씨, 보통 어디에서 쇼핑을 하세요?
유키: 저는 보통 명동에서 쇼핑을 해요.
노라: 왜 거기에서 쇼핑을 하세요?
유키: 강남보다 값이 싸고 여러 가지 가게가 많아요.
그리고 맛있는 음식도 많아서 쇼핑하기가 좋아요.
노라: 거기에서 뭘 사셨어요?
유키: 짧은 치마와 긴 바지를 샀어요.

쇼핑에 대해서 보기 와 같이 쓰고 발표하십시오.

보기

저는 보통 명동에서 쇼핑을 합니다. 강남**보다** 값이 싸고 여러 가지 가게가 많습니다. 그리고 맛있**는** 음식도 많아서 쇼핑하기가 좋습니다.
지난주에 명동에서 짧**은** 치마와 **긴** 바지를 샀습니다.
치마는 29,000원, 바지는 35,000원이었습니다.

여러 가지 가게 지난주 짧다 치마 길다 바지

13과 쇼핑

2. 이 사과 한 개에 얼마예요?

• 학습목표: 물건을 고르고 사는 상황에서 이야기할 수 있다.

Ⅰ. 준비해 봅시다

- 이 사람들이 무슨 이야기를 합니까?
- 여러분은 가게에서 무엇을 묻습니까?

. 이야기해 봅시다

1 다음 쇼핑 목록을 보고 보기 와 같이 이야기하십시오.

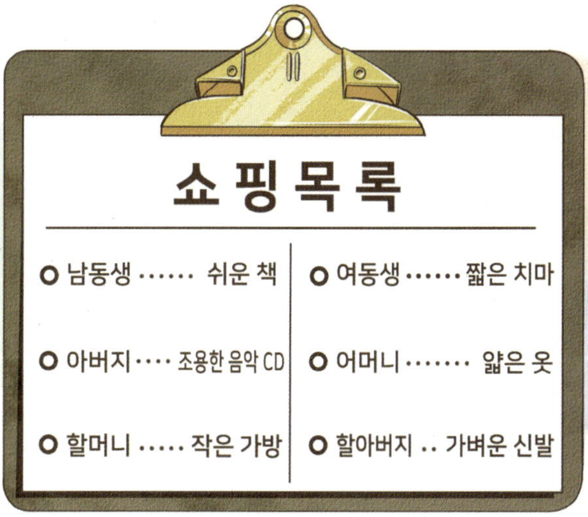

보기

주인: 뭘 찾으세요?

손님: 남자 아이들이 많이 읽는 책이 뭐예요?

주인: 남자 아이들은 이 책을 많이 읽어요.

손님 : 이것보다 쉬운 책은 없어요?

주인: 있습니다. 잠깐 기다리세요.

목록 여동생 남동생 음악 CD 얇다 주인 손님 남자 아이들 잠깐

13-2

2 그림을 보고 보기 와 같이 이야기하십시오.

보기

주인: 어서 오세요.
손님: 아주머니, 사과 있어요?
주인: 네, 여기 있어요.
손님: 이 사과 한 개에 얼마예요?
주인: 한 개에 1,500원이에요.
손님: 좀 비싸요.
주인: 이건 비싸지만 정말 맛있는 사과예요.
손님: 그래요? 그럼 다섯 개 주세요.

사과 배 귤 감 코트 어서 개 정말

III. 써 봅시다

그림을 보고 보기 와 같이 말하고 이야기를 완성하십시오.

보기

리나: 오늘 친구와 같이 시장에 갔어요.

마크: 시장이 어땠어요?

리나: 가게도 많고 물건을 사는 사람도 많았어요.

마크: 시장에서 뭘 샀어요?

리나: 저는 호떡을 2개 샀어요.

마크: 호떡이 얼마였어요?

리나: 한 개에 1,000원이었어요.

연습하기

오늘 저는 친구와 같이 시장에 갔습니다. 가게도 많고 물건을 **사는** 사람도 많았습니다. 호떡을 **만드는** 가게도 있었습니다. 호떡은 한 **개에** 1,000원이었습니다. 저는 호떡을 2개 먹었습니다. 시장에서 **먹는** 호떡은 정말 맛있습니다. 그리고

호떡

14과

생일

1. 가족들에게 줄 선물을 샀어요

• 학습목표: 물건의 용도를 설명할 수 있다.

Ⅰ. 준비해 봅시다

- 사람들이 무엇을 합니까?
- 여러분은 생일에 무슨 선물을 받고 싶습니까?

이야기해 봅시다

1 보기 와 같이 이야기하십시오.

스키장에서
쓸 거예요

내일 아침에
먹을 거예요

여자 친구에게
줄 거예요

동생 생일에
먹을 거예요

비행기에서
읽을 거예요

친구 생일 파티에서
입을 거예요

보기

마크: 흐엉 씨, 오늘 무엇을 했어요?

흐엉: 저는 오늘 백화점에 갔어요.

마크: 백화점에서 뭘 샀어요?

흐엉: 동생 생일에 먹을 케이크를 샀어요.

쓰다 비행기 입다 오늘 케이크

2 보기 와 같이 이야기하십시오.

보기

에릭: 유키 씨, 다음 주에 고향에 갈 거예요?

유키: 네, 다음 주에 고향에 갈 거예요.
그래서 오늘 가족들에게 줄 선물을 샀어요.

에릭: 와, 선물이 많아요.
여동생에게 줄 선물이 뭐예요?

유키: 여동생에게 줄 선물은 이 치마예요.

에릭: 치마가 아주 예뻐요.

III. 써 봅시다

친구 생일 파티를 준비합니다. 보기 와 같이 이야기하십시오.

	흐엉 씨 생일 파티	생일 파티
파티를 준비할 사람	에릭, 리타오	
먹을 것	피자, 떡볶이, 치킨	
마실 것	술, 주스	
같이 볼 영화 / 같이 할 게임 / 같이 들을 음악…	7번방의 선물	

보기

에릭: 유키 씨, 내일이 흐엉 씨 생일이에요.
오늘 **저와 리타오** 씨가 **흐엉** 씨 생일 파티를 준비할 거예요.
유키 씨도 파티에 오세요.

유키: 준비할 것이 많아요?

에릭: 네, 먹을 것하고 마실 것을 살 거예요.
그리고 **같이 볼 영화**를 준비할 거예요.

유키: 무엇을 먹을 거예요?

에릭: **피자와 떡볶이와 치킨**을 먹을 거예요.
그리고 **술과 주스**도 마실 거예요.

유키: 같이 **볼 영화**는 뭐예요?

에릭: 같이 **볼 영화**는 '**7번방의 선물**'이에요.

보기 와 같이 쓰고 발표하십시오.

보기

내일은 흐엉 씨 생일이에요. 저와 리타오 씨가 흐엉 씨 생일 파티를 준비할 거예요. 생일 파티에 유키 씨, 노라 씨, 존 씨, 주앙 씨가 올 거예요. **준비할** 것이 많아요. 우리는 내일 오전에 백화점에서 **먹을** 것과 **마실** 것을 살 거예요. 그리고 파티에서 같이 **볼** 영화도 준비했어요. '7번방의 선물'을 볼 거예요. **준비할** 것이 많지만 힘들지 않아요. 내일 친구들과 같이 재미있는 시간을 보낼 거예요.

영화 주스 보내다

14과

생일

2. 우리가 먹은 음식은 불고기였어요

• 학습목표: 생일에 한 일을 설명할 수 있다.

Ⅰ. 준비해 봅시다

- 오늘이 무슨 날이에요?
- 여러분은 생일에 무엇을 했어요?

이야기해 봅시다

1 보기 와 같이 이야기하십시오.

보기

마크: 윤아 씨, 생일에 뭘 했어요?

윤아: 케이크를 먹었어요.

마크: 그날 먹은 케이크가 어땠어요?

윤아: 그날 먹은 케이크가 정말 맛있었어요.

그날

2 그림을 보고 쓰십시오. 여러분은 가족의 생일에 무엇을 했습니까? 보기 와 같이 친구와 이야기하십시오.

보기

에　릭: 리타오 씨, 지난 어머니 생신에 무엇을 했어요?

리타오: 가족들하고 파티를 했어요.

에　릭: 그래요? 무엇을 준비했어요?

리타오: 선물하고 케이크를 샀어요. 그리고 생일 카드를 쓰고 꽃도 준비했어요.

에　릭: 누가 선물을 골랐어요?

리타오: 제가 선물을 ______었어요/았어요/였어요.
케이크는 아버지께서 ______었어요/았어요/였어요.

에　릭: 파티에서 무엇을 했어요?

리타오: 가족들이 생일 노래를 ______었어요/았어요/였어요.
그리고 어머니께서 케이크를 ______었어요/았어요/였어요.

에　릭: 중국에서 생일에 뭘 먹어요?
먹는 음식이 한국과 ______어요/아요/여요?

리타오: 네, 한국 사람들은 생일에 미역국을 먹지만 중국 사람들은 생일에 국수를 먹어요.

생신　카드　고르다　미역국　국수

III. 써 봅시다

여러분의 생일에 무엇을 했습니까? 보기 와 같이 이야기하십시오.

보기

에릭: 유키 씨, 생일에 뭘 했어요?

유키: 친구들하고 영화관에 갔어요.

에릭: 그날 본 영화가 뭐였어요?

유키: 우리가 본 영화는 '사랑'이었어요. 영화가 슬프지만 재미있었어요.

에릭: 무슨 음식을 먹었어요?

유키: 우리가 먹은 음식은 불고기였어요. 조금 짜지만 맛있었어요.

에릭: 유키 씨는 무슨 선물을 받았어요?

유키: 제가 받은 선물은 귀여운 모자였어요.

보기 와 같이 쓰고 발표하십시오.

보기

저는 생일에 친구들하고 영화관에 갔어요. 그날 **본** 영화는 '사랑'이었어요.
영화가 슬프지만 재미있었어요. 다음에는 슬프지 않은 영화를 보고 싶어요.
그날 먹**은** 음식은 불고기였어요. 조금 짜지만 맛있었어요.
친구들이 저에게 생일 선물을 줬어요. 그날 받**은** 선물은 귀여운 모자였어요.
기분이 좋았어요.

영화관　슬프다　귀엽다

1 보기 와 같이 이야기하십시오.

보기

에릭: 흐엉 씨, 일본 여행이 어땠어요?
흐엉: 정말 재미있었어요. 사진을 많이 찍고 쇼핑도 했어요.
에릭: 무엇을 샀어요?
흐엉: 연필을 샀어요. 일본이 한국보다 연필이 싸요.
에릭: 그래요? 그 연필이 한 자루에 얼마예요?
흐엉: 이 연필은 한 자루에 1,500원이에요.

많이 자루

2 그림을 보고 보기 와 같이 쓰고 발표하십시오.

보기

왼쪽에 있는 큰 집이 에릭 씨 집이에요. 신문을 읽는 사람이 에릭 씨예요. 에릭 씨 집에는 좋은 그림이 많아요. 예쁜 꽃도 많아요. 집 앞에 있는 작은 자동차가 에릭 씨 자동차예요. 빨간색 티셔츠를 입은 사람이 에릭 씨 아버지예요.

연습하기

오른쪽에 있는

왼쪽 그림 자동차 빨간색 오른쪽

3 다음 질문으로 친구와 이야기하십시오. 그리고 보기 와 같이 쓰고 발표하십시오.

- 언제 고향에 갈 거예요?
- 고향에서 하고 싶은 일이 뭐예요?
- 가족들에게 주고 싶은 선물이 뭐예요?
- 어디에서 선물을 살 거예요?

- 언제 선물을 사러 갈 거예요?
- 왜 그 선물을 사고 싶어요?

보기

저는 다음 주 일요일에 고향에 갈 거예요. 어머니께서 만드신 고향 음식을 먹고 싶어요. 저는 내일 가족들에게 줄 선물을 사러 동대문 시장에 갈 거예요. 동대문시장에 싸고 좋은 물건이 많아요. 어머니와 할머니께 드릴 선물은 화장품이에요. 한국이 제 고향보다 화장품이 싸서 좋아요. 동생에게 한국 과자를 줄 거예요. 한국 과자가 달고 맛있어요.

문화

생일

다른 사람의 생일을 물어볼 때는 '**생일이 언제예요?**', '**생일이 몇 월 며칠이에요?**' 하고 질문합니다. 그리고, '**제 생일은 _월 _일이에요.**' 라고 대답합니다. 한국 사람들은 다른 사람의 생일에 '**생일을 축하합니다.**', '**생일을 축하해요.**' 라고 이야기합니다.
윗 사람의 생일에는 '**생신을 축하드립니다.**', '**생신을 축하드려요.**' 라고 이야기합니다.
생일날 아침에는 미역국을 먹는데 이것은 어머니에 대한 감사를 의미합니다. 한국에서는 엄마들이 아이를 낳은 후에 건강을 회복하기 위해서 미역국을 먹기 때문입니다.

15과 전화

1. 저에게 전화해 주세요

• 학습목표: 부탁하고 싶은 것을 설명할 수 있다.

Ⅰ. 준비해 봅시다

- 이 사람이 쓴 전화번호는 몇 번입니까?
- 여러분은 누구에게 자주 전화를 합니까?

I. 이야기해 봅시다

1 표를 보고 보기 와 같이 친구와 이야기하십시오.

이름	전화번호 / 이메일 주소
어학당 사무실	02) 2123-3465
기숙사 사무실	02) 2134-4768
이순신 선생님	010-6356-8109 / lss@yonsei.ac.kr
에릭	010-3468-0519 / Eric1123@gmail.com
이윤아	010-2267-3549 / starlee@hanmail.net

보기

흐엉: 유키 씨, 이순신 선생님 이메일 주소를 알지요?
유키: 네, 알아요. 가르쳐 드릴까요?
흐엉: 좀 가르쳐 주세요.
유키: lss@yonsei.ac.kr예요.

이메일 주소

2 계획표를 보고 보기 와 같이 이야기하십시오.

월	화	수	목	금	토
학생 음악회	요리 수업	반 친구들과 점심 약속	태권도 수업	흐엉 씨 생일 파티	마크 씨 결혼식

보기

에릭: 여보세요? 유키 씨, 저 에릭이에요.

유키: 에릭 씨, 무슨 일이에요?

에릭: 이번 수요일에 우리 반 친구들과 점심 약속이 있지요?

유키: 네, 그래요.

에릭: 미안하지만 저는 수요일에 바쁜 일이 있어서 가지 못해요.
친구들에게 말해 주세요.

유키: 아, 그래요? 알았어요.

에릭: 그럼 학교에서 봐요.

수업 수요일

III. 써 봅시다

보기 와 같이 친구와 이야기하십시오.

보기

에릭: 유키 씨, 안녕하세요?
유키: 아, 에릭 씨, 안녕하세요? 지금도 한국말을 공부하지요?
에릭: 네, 지금도 한국말을 공부해요. 유키 씨, 같이 커피 한 잔 할까요?
유키: 미안해요. 지금은 약속이 있어요.
에릭: 아, 그래요? 그럼 다음에 만날까요?
유키: 좋아요. 저에게 전화해 주세요.
에릭: 유키 씨 전화번호가 010-347-3100이지요?
유키: 아니에요. 지금은 010-2342-3100이에요.

보기 와 같이 친구에게 문자메시지를 보내십시오.

보기

15과 전화

2. 지금 전화 받을 수 있어요?

• 학습목표: 전화로 이야기할 수 있다.

Ⅰ. 준비해 봅시다

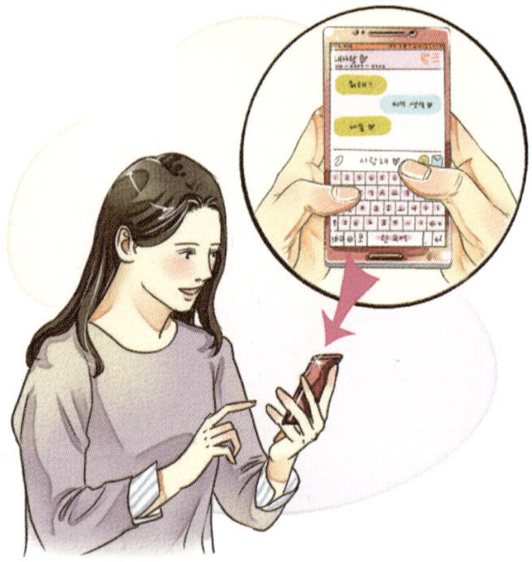

- 사람들이 무엇을 합니까?
- 여러분은 휴대전화를 자주 사용합니까?

이야기해 봅시다

1 그림을 보고 보기 와 같이 친구와 이야기하십시오.

보기

리나: 여보세요.

마크: 리나 씨, 저 마크예요. 지금 전화를 받을 수 있어요?

리나: 네, 괜찮아요. 말씀하세요.

마크: 저는 내일 수영하러 갈 거예요. 리나 씨도 같이 갈 수 있어요?

리나: 미안해요. 저는 내일 다른 약속이 있어서 같이 갈 수 없어요.

여보세요　받다　괜찮다　말씀하다

2 표를 보고 보기 와 같이 친구와 이야기하십시오.

전화 받은 곳	전화번호	들은 이야기
연세여행사	3124-7586	시험
서울은행	5513-7014	파티
세연병원	2012-3210	소풍
맛나식당	963-2746	반 모임
우리카페	781-8902	여행

보기

리 나: 여보세요. 거기 **연세여행사**이지요?
아저씨: 몇 번에 거셨어요?
리 나: **3124-7586** 아니에요?
아저씨: 아닙니다. 전화 잘못 거셨어요.
리 나: 아, 죄송합니다.

- 다시 전화 -

수 현: 여보세요. **연세여행사**입니다.
리 나: **김수현** 씨 좀 바꿔 주세요.
수 현: 제가 **김수현**입니다. 누구십니까?
리 나: **수현** 씨, 저 **리나**예요. **마크** 씨한테서 전화를 받았어요?
수 현: 네, **어제 마크** 씨한테서 전화를 받았어요.
시험 이야기를 들었어요.
리 나: **그럼, 우리 같이 시험 준비를 합**시다.

잘못 걸다 다시 준비

Ⅲ. 써 봅시다 그림을 보고 보기 와 같이 친구에게 보내는 문자메시지를 쓰십시오.

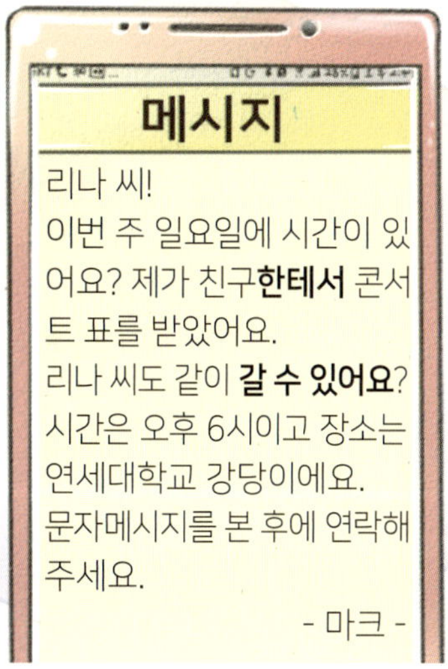

장소　문자메시지　연락하다

16과 교통

1. 서울에서 전주까지 기차로 2시간쯤 걸려요

• 학습목표: 교통수단과 걸리는 시간을 이야기할 수 있다.

Ⅰ. 준비해 봅시다

- 에릭 씨가 어디에 있습니까?
- 여러분은 기차를 타고 어디에 갔습니까?

이야기해 봅시다 1 보기와 같이 이야기하십시오.

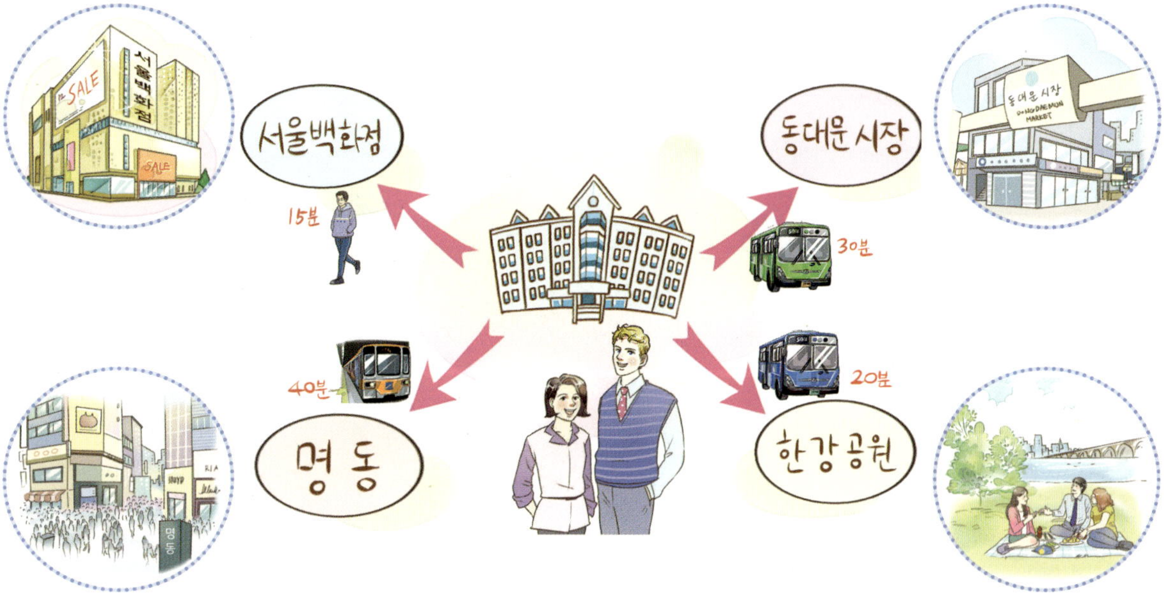

보기

에릭: 유키 씨, 액세서리를 사러 동대문시장에 같이 갈까요?
유키: 네, 그럽시다. 동대문시장까지 택시로 갈까요?
에릭: 아니요, 택시는 비싸니까 버스로 갑시다.
유키: 여기에서 동대문시장까지 버스로 얼마나 걸려요?
에릭: 여기에서 동대문시장까지 버스로 30분쯤 걸려요.

액세서리 택시 얼마나 걸리다

2 보기와 같이 이야기하십시오.

보기

에릭: 유키 씨, 방학에 이탈리아에 가지요?
유키: 네, 저는 방학에 이탈리아에 가요.
에릭: 한국에서 이탈리아까지 비행기로 얼마나 걸려요?
유키: 12시간쯤 걸려요.
에릭: 이탈리아어를 할 수 있어요?
유키: 아니요, 저는 이탈리아어를 하지 못해요. 영어로 말할 거예요.
에릭: 이탈리아에서 무슨 음식을 먹을 거예요?
유키: 저는 라자냐를 먹고 싶어요.
에릭: 라자냐는 무엇으로 만들어요?
유키: 치즈와 여러 가지 채소로 만들어요.
에릭: 라자냐는 무엇으로 먹어요?
유키: 포크와 숟가락으로 먹어요.

방학 이탈리아어 라자냐 치즈 채소 포크 숟가락

III. 써 봅시다

여러분은 주말에 어디에 가고 싶습니까? 보기 와 같이 친구와 이야기 하십시오.

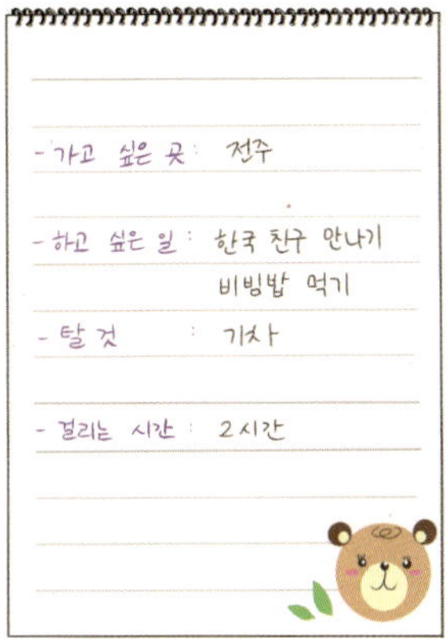

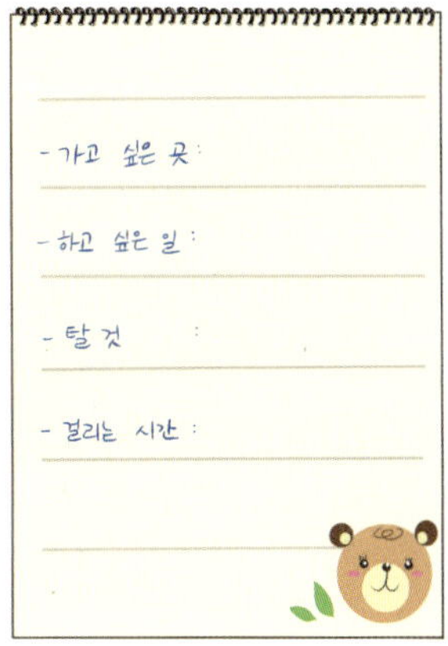

보기

에릭: 유키 씨, 주말에 가고 싶은 곳이 있어요?
유키: 저는 전주에 가고 싶어요.
에릭: 왜 전주에 가고 싶어요?
유키: 전주에 한국 친구가 살아요. 친구를 만나고 싶어요. 그리고 전주에서 비빔밥을 먹고 싶어요.
에릭: 서울에서 전주까지 몇 시간 걸려요?
유키: 서울에서 전주까지 기차로 2시간쯤 걸려요.
에릭: 기차표를 샀어요?
유키: 네, 인터넷으로 기차표를 예매했어요.

보기 와 같이 쓰고 발표하십시오.

보기

저는 주말에 전주에 가고 싶어요. 전주에 한국 친구가 살아요. 그 친구를 만나고 싶어요. 그리고 전주에서 비빔밥을 먹고 싶어요. 서울**에서** 전주**까지** 버스나 기차**로** 갈 수 있어요. 버스**로** 3시간쯤 걸려요. 기차**로** 2시간쯤 걸려요. 기차가 더 빠르니까 기차**로** 갈 거예요. 지난주에 인터넷**으로** 기차표를 예매했어요.

곳 전주 비빔밥 기차 인터넷 예매하다 더 빠르다

16과 교통

2. 지하철을 갈아타야 해요

• 학습목표: 해야 하는 일에 대해서 이야기할 수 있다.

Ⅰ. 준비해 봅시다

- 두 사람이 어디에 있어요?
- 여러분은 학교에 어떻게 와요?

Ⅰ. 이야기해 봅시다

1 보기와 같이 이야기하십시오.

보기

흐엉: 존 씨, 담양에 놀러 갈까요?

존 : 네, 좋아요. 비행기로 갈 수 있어요?

흐엉: 아니요, 담양에 공항이 없으니까 기차나 버스를 타야 해요.

존 : 그럼 기차를 탑시다.

그런데 한 번에 갈 수 있어요?

흐엉: 아니요, 기차로 광주에 가요. 거기에서 버스로 갈아타야 해요.

담양 광주 남이섬 가평 속초 갈아타다

2 그림을 보고 보기 와 같이 이야기하십시오.

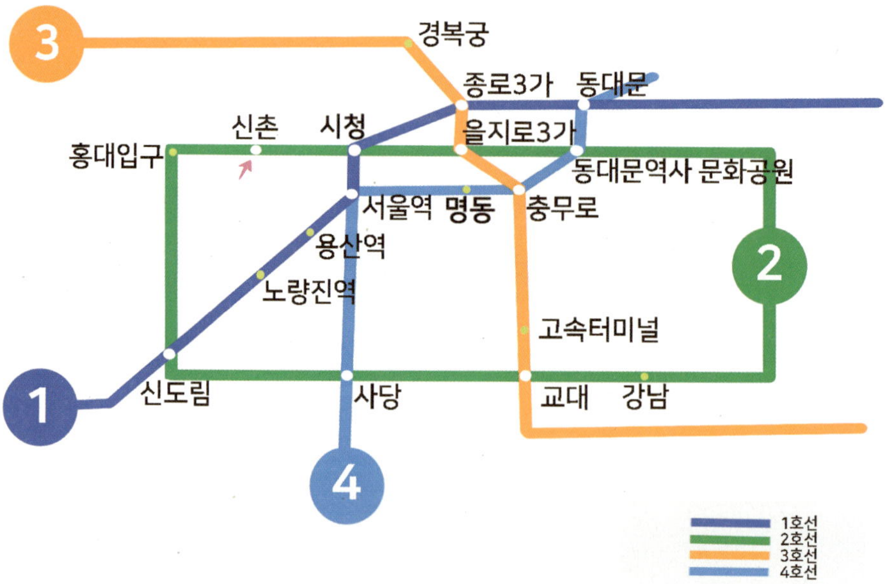

호선	지하철 시간
1호선	5:00, 5:10, 5:20, 5:30, 5:40, 5:50, 6:00, 6:10···
2호선	4:40, 4:43, 4:46, 4:49, 4:52, 4:55, 4:58, 5:01···
3호선	5:10, 5:16, 5:22, 5:28, 5:34, 5:40, 5:46, 5:52···
4호선	4:50, 4:55, 5:00, 5:05, 5:10, 5:15, 5:20, 5:25···

- 신촌역 → 명동역
- 경복궁역 → 시청역
- 강남역 → 서울역
- 홍대입구역 → 노량진역
- 용산역 → 고속터미널역

보기

에릭: 신촌에서 명동까지 지하철로 갈 수 있어요?
유키: 네, 지하철로 갈 수 있어요.
에릭: 지하철을 갈아타야 해요?
유키: 네. 지하철을 갈아타야 해요. 2호선을 타고 동대문역사문화공원역에서 내리세요. 거기에서 4호선으로 갈아타야 해요.
에릭: 4호선은 자주 와요?
유키: 네, 4호선은 5분마다 와요.

신촌역 명동역 경복궁역 시청역 강남역 홍대입구역 노량진역
용산역 지하철 호선 동대문역사문화공원역 내리다

III. 써 봅시다

보기 와 같이 이야기하십시오.

보기

존 : 주앙 씨, 고향에 어떻게 가요?
주앙: 비행기로 가요.
존 : 지금 사는 곳에서 공항까지 어떻게 가요?
주앙: 집 근처에서 공항버스를 타고 인천공항까지 가요.
존 : 공항버스가 자주 와요?
주앙: 네, 공항버스가 30분마다 와요.
존 : 서울에서 고향까지 한 번에 갈 수 있어요?
주앙: 아니요, 미국 로스앤젤레스에서 비행기를 갈아타야 해요.
존 : 서울에서 고향까지 비행기로 얼마나 걸려요?
주앙: 25시간쯤 걸려요.

보기 와 같이 쓰고 발표하십시오.

보기

제 고향은 브라질 리우데자네이루입니다.
서울에서 리우데자네이루까지 비행기로 갑니다. 집 근처에서 공항버스를 타고 인천공항에 갑니다. 공항버스는 자주 옵니다. 공항버스가 30분**마다** 옵니다. 인천공항에서 고향까지 가는 비행기는 자주 출발하지 않습니다. 비행기가 10시간**마다** 있습니다.
인천공항에서 제 고향까지 한 번에 갈 수 없습니다. 미국 로스앤젤레스에서 비행기를 갈아타**야 합니다**. 제 고향은 멉니다. 서울에서 제 고향까지 비행기로 25시간쯤 걸립니다.

공항버스 인천공항 로스앤젤레스 리우데자네이루 출발하다

1 표를 보고 보기 와 같이 이야기하십시오.

장소	하고 싶은 일	있어야 하는것	알고 싶은 것
도서관	외국인 학생입니다. 도서관에 들어가고 싶습니다.	학생증	도서관 문을 닫는 시간
슈퍼마켓	20살입니다. 술을 사고 싶습니다.	신분증	슈퍼마켓 문을 여는 시간
면세점	일주일 후에 비행기를 탈 거예요. 오늘 물건을 사고 싶습니다.	비행기 표, 여권	면세점 문을 닫는 시간

보기

주앙: 여보세요. 도서관이지요?
직원: 네, 말씀하세요.
주앙: 저는 외국인 학생입니다. 도서관에 들어갈 수 있어요?
직원: 학생증이 있지요?
주앙: 네, 있어요.
직원: 그럼 들어갈 수 있어요.
주앙: 그런데 도서관은 몇 시에 문을 닫아요?
직원: 10시에 문을 닫아요.
주앙: 알려 주셔서 감사합니다.

외국인 들어가다 슈퍼마켓 신분증 열다 면세점 여권 알리다

2 보기 와 같이 이야기하십시오.

어디에 가요?	무엇이 있어요?	어떻게 가요?
인사동	조용한 카페	버스
강남	값이 싼 옷 가게	지하철
신촌	음식이 맛있는 식당	택시
홍대 앞	산책할 수 있는 곳	자전거
남산	좋은 술집	걸어서
이태원		

보기

에릭: 유키 씨, 인사동에 조용한 카페가 많지요?
유키: 네, 많아요.
에릭: 조용한 카페에 가고 싶은데 우리 같이 인사동에 갈까요?
유키: 네, 좋아요. 인사동까지 어떻게 갈까요?
에릭: 버스로 갑시다.
유키: 여기에서 인사동까지 얼마나 걸려요?
에릭: 여기에서 인사동까지 버스로 20분쯤 걸려요.

강남 이태원

3 다음 질문을 친구와 이야기하고 보기 와 같이 쓰십시오.

- ______ 씨, 핸드폰이 있지요? 전화번호를 가르쳐 주세요.
- 고향에 있는 ______ 에게 자주 연락하지요?
- 자주 연락하는 ______ 이/가 누구예요?
- 날마다 연락해요?
- 누구에게서 문자메시지를 자주 받아요?
- 한국말로 문자메시지를 빨리 쓸 수 있어요?
- 한국말로 문자메시지를 쓰는 시간이 얼마나 걸려요?

보기

저는 고향에 계신 부모님께 자주 연락해요. 일주일에 세 번쯤 전화를 해요. 저는 보통 부모님께 학교 이야기를 해요.
그리고 저는 고향에 있는 친구들에게 일요일 밤마다 전화를 해요. 학교 이야기도 하고 한국 친구들 이야기도 해요.
저는 한국 친구들과 문자메시지로 연락해요. 친구들에게서 문자메시지를 많이 받아요. 저도 친구들에게 문자메시지를 보내요. 하지만 저는 한국말로 문자메시지를 빨리 쓸 수 없어요. 시간이 많이 걸려요.

문화

한국인의 전화 예절

한국 사람은 전화를 걸거나 받을 때 '**여보세요**'라고 말하면서 통화를 시작합니다. 전화를 끊을 때에는 특별히 정해진 말은 없지만 보통 '**감사합니다.**'나 '**안녕히 계세요.**' 등 간단한 인사말을 하거나 '**이만 끊겠습니다.**'라고 말하고 전화를 끊습니다.

한국 사람과 전화를 할 때 지켜야 하는 예절이 있습니다. 윗사람과 통화를 한 경우에는 윗사람이 먼저 전화를 끊고 난 후에 전화를 끊습니다. 윗사람이 아닌 사람과 통화를 한 경우에도 용건이 끝나자마자 바로 수화기를 내려놓는 것보다 잠깐 수화기를 들고 있다가 전화를 끊는 것이 좋습니다.

17과

길 찾기

1. 20m쯤 가면 화장실이 있어요

• 학습목표: 건물 내 장소의 위치와 방향을 설명할 수 있다.

Ⅰ. 준비해 봅시다

- 이 사람은 지금 무엇을 합니까?
- 여러분은 어떻게 길을 찾습니까?

이야기해 봅시다

1 안내표를 보고 보기 와 같이 이야기하십시오.

보기

직원: 어디를 찾으십니까?

흐엉: 실례지만 화장실이 어디에 있습니까?

직원: 여기에서 똑바로 가십시오. 20m쯤 가면 화장실이 있어요.

흐엉: 감사합니다.

화장실 미용실 세탁소 직원 찾다 똑바로

2 여러분은 어디에 있습니까? 그림을 그리고 보기 와 같이 친구에게 가르쳐 주십시오.

3F	305호	304호	303호	302호	301호
	컴퓨터실	남자 화장실	엘리베이터	여자 화장실	

보기

저는 지금 회사에 있어요. 우리 회사 건물 1층에 오**면** 오른쪽에 엘리베이터가 있어요. 3층**으로** 올라오세요. 엘리베이터에서 왼쪽**으로** 조금 가**면** 컴퓨터실이 있고 그 앞에 305호 방이 있어요. 거기가 제 사무실이에요.

건물 엘리베이터 올라오다

III. 써 봅시다

그림을 보고 보기 와 같이 쓰고 발표하십시오.

보기

여러분! 여기는 한국어학당입니다.
일 층에 커피숍과 문구점이 있습니다. 커피를 마시고 싶**으면** 일 층**으로** 가십시오. 이 층에 대강당이 있고 삼 층에 사무실과 컴퓨터실이 있습니다. 선생님을 만나고 싶**으면** 삼 층 사무실로 가십시오. 그리고 사 층**으로** 올라가**면** 교실이 있습니다.

17과 길 찾기

2. 횡단보도를 건너서 왼쪽으로 5분쯤 가세요

• 학습목표: 지도를 보고 길을 묻고 대답할 수 있다.

Ⅰ. 준비해 봅시다

- 사람들이 무엇을 합니까?
- 여러분은 길을 모르면 어떻게 합니까?

I. 이야기해 봅시다

1 그림을 보고 보기 와 같이 이야기하십시오.

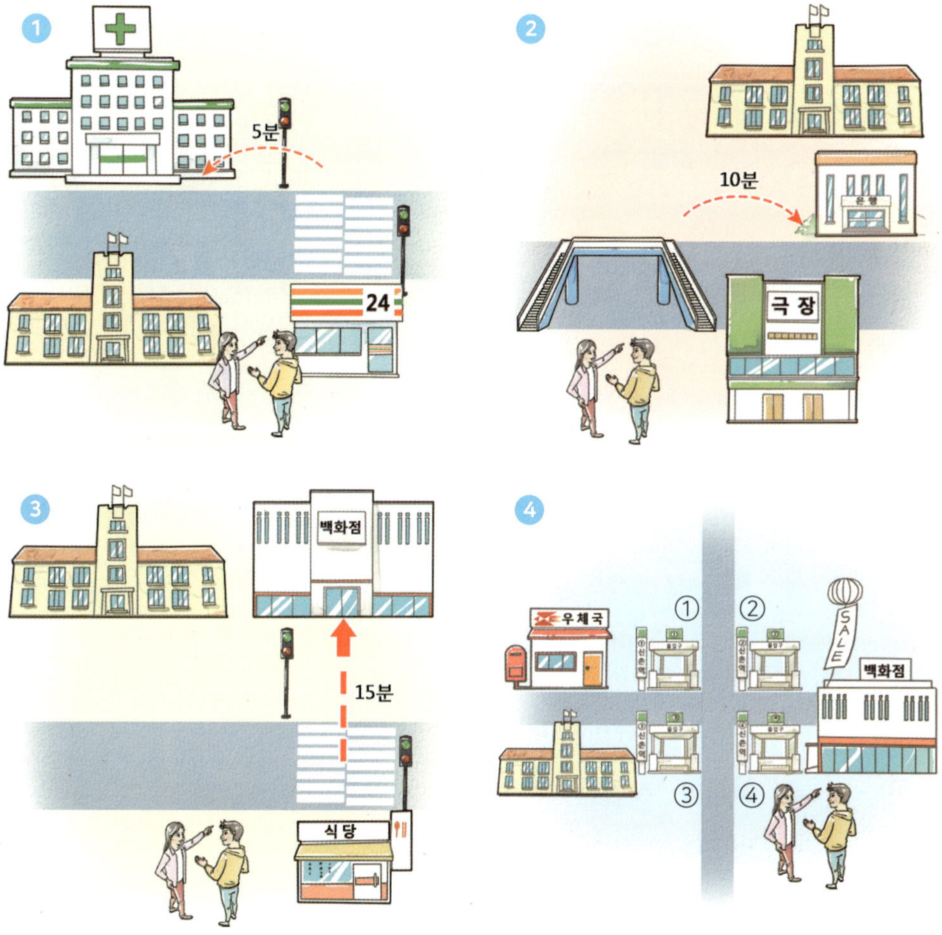

보기

마크: 리나 씨, 제가 머리가 아파서 병원에 가야 해요.
이 근처에 병원이 있어요?

리나: 네, 있어요. 저기 편의점이 보여요?

마크: 편의점요? 네, 보여요.

리나: 편의점 앞에 있는 횡단보도를 건너서 왼쪽으로 5분쯤 가세요.
학교 건너편에 병원이 있어요.

마크: 네, 고마워요.

머리 아프다 보이다 횡단보도 건너다 건너편 고맙다

2 그림을 보고 보기 와 같이 이야기하십시오.

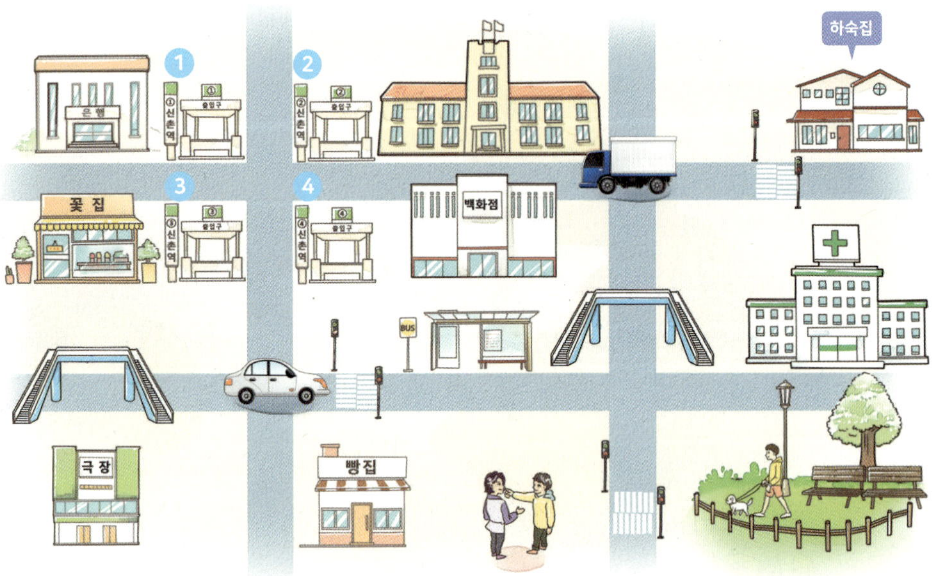

보기

유　키: 아저씨, 실례지만 이 근처에 꽃집이 있어요?

아저씨: 꽃집요? 꽃집은 지하철역 근처에 있어요.

리　나: 여기에서 꽃집까지 어떻게 가요?

아저씨: 빵집 앞에 있는 횡단보도를 건너서 왼쪽으로 가세요.
사거리가 있어요.
사거리에서 오른쪽으로 10분쯤 가면 지하철역이 있어요.
지하철역 4번 출구로 내려가서 3번 출구로 올라가세요.
3번 출구로 나가서 똑바로 5분쯤 가면 꽃집이 있어요.

유　키: 네, 감사합니다.

실례

Ⅲ. 써 봅시다

여러분 집에 어떻게 갑니까? 약도를 그리고 보기 와 같이 설명하십시오.

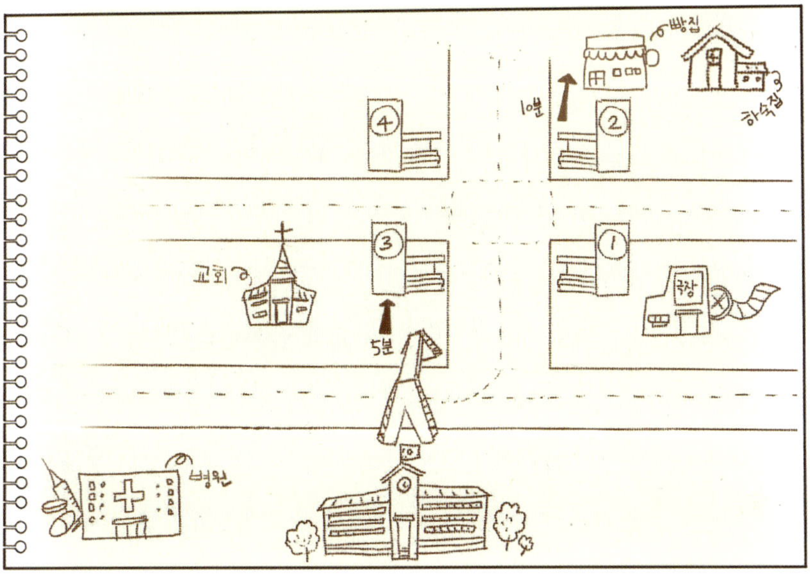

보기

학교 앞에 있는 육교를 **건너서** 똑바로 가세요. 똑바로 5분쯤 가면 지하철역이 있어요. 지하철역 3번 출구로 **내려가서** 2번 출구로 올라가세요. 2번 출구로 **나가서** 똑바로 10분쯤 가면 빵집이 있어요. 빵집 옆에 있는 집이 우리 하숙집이에요.

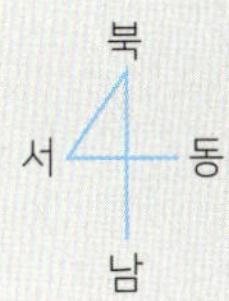

지하철역 사거리 출구 내려가다 올라가다 나가다 육교

18과 날씨와 계절

1. 날씨가 좋군요

• 학습목표: 날씨에 대해서 이야기할 수 있다.

Ⅰ. 준비해 봅시다

- 여기는 날씨가 어떻습니까?
- 지금 고향 날씨가 어떻습니까?

Ⅱ. 이야기해 봅시다

1 그림을 보고 보기 와 같이 이야기하십시오.

보기

에릭: 우리 등산하러 갈까요?

유키: 오후에 좀 더울 것 같은데 수영하러 갑시다.

에릭: 좋아요. 점심을 먹고 2시에 수영하러 갑시다.

2 보기 와 같이 이야기하십시오.

보기

에릭: 방학에 여행을 가고 싶어요. 어디가 좋아요?

유키: 태국이 좋을 것 같아요. 태국에 맛있는 음식과 볼 것이 많아요.

에릭: 그렇지만 태국은 너무 더울 것 같아요.

유키: 아니에요. 지금 태국은 덥지 않아요. 날씨가 좋아요.

에릭: 그렇군요.

III. 써 봅시다

그림을 보고 보기 와 같이 쓰고 발표하십시오.

태국 너무 스위스

보기

공원에 친구들이 많**군요.** 하늘이 맑아서 친구들 기분이 좋**을 것 같아요.** 유키 씨가 얇은 옷을 입었**군요.** 유키 씨가 추**울 것 같아요.** 흐엉 씨가 벤치에서 책을 읽**는군요.** 흐엉 씨가 벤치에서 **잘 것 같아요.** 에릭 씨가 모자를 구경하**는군요.** 에릭 씨가 모자를 **살 것 같아요.** 리타오 씨가 우**는군요.** 리타오 씨가 많이 아**플 것 같아요.** 노라 씨에게 약이 있**군요.** 노라 씨가 리타오 씨에게 약을 **줄 것 같아요.**

하늘 맑다 벤치 울다 약

18과 날씨와 계절

2. 날씨가 따뜻한 것 같아요

• 학습목표: 계절에 대해서 이야기할 수 있다.

Ⅰ. 준비해 봅시다

- 사람들이 무엇을 합니까?
- 여러분은 어느 계절을 좋아합니까?

. 이야기해 봅시다

1 사람들이 무엇을 합니까? 보기 와 같이 이야기하십시오.

보기

마크: 저기에 유키 씨가 있군요.
리나: 유키 씨가 기타를 치면서 노래를 불러요.
마크: 유키 씨가 노래 연습을 하는 것 같아요.
리나: 우리도 저기에 가서 구경합시다.

저기 기타를 치다 연습

2 보기 와 같이 이야기하십시오.

보기

유키: 존 씨, 비행기표를 예매했어요?

존 : 아니요, 표가 없어서 예매하지 못했어요.

유키: 봄에 사람들이 제주도에 많이 가는 것 같아요.

존 : 네, 봄에 꽃이 예뻐서 사람들이 제주도에 많이 가요.

봄

Ⅲ. 써 봅시다

여러분은 어디에 여행을 가고 싶습니까? 그림을 보고 보기 와 같이 이야기하십시오.

보기

에릭: 노라 씨, 여기가 어디인 것 같아요?

노라: 한국인 것 같아요.

에릭: 4월에 한국 날씨가 어떤 것 같아요?

노라: 날씨가 따뜻한 것 같아요. 우리도 내년 4월에 여기에 갈까요?

에릭: 좋아요. 저는 한국에 가서 바다에 가고 싶어요.

노라: 바다를 보면서 걸읍시다.

보기 와 같이 쓰고 발표하십시오.

보기

저는 여행사에 갔어요. 한국 제주도 사진을 봤어요. 저는 내년 4월에 한국 제주도에 가고 싶어요.

한국은 4월에 따뜻한 **것 같아요**. 사진에 있는 사람들이 얇은 옷을 입었어요.

제주도는 바다가 아름다운 **것 같아요**. 바다를 보러 가는 사람들이 많아요. 저는 아름다운 바다를 보**면서** 걷고 싶어요.

1 한 사람은 A지도, 다른 사람은 B지도를 보고 보기 의 장소가 어디에 있는지 묻고 지도에 표시하십시오.

보기

하숙집 노래방 문구점 백화점 은행 식당 시장 병원

A

보기

편의점 빵집 우체국 극장 카페 꽃집 약국 서점

B

보기

유　키: 저, 실례지만 길 좀 가르쳐 주세요.
아저씨: 어딜 찾으세요?
유　키: 우체국이 어디에 있어요?
아저씨: 저기 버스 정류장이 보여요?
유　키: 버스 정류장요? 네, 보여요.
아저씨: 버스 정류장 앞에 있는 횡단보도를 건너서 오른쪽으로 가세요.
50미터쯤 가면 삼거리가 있어요.
삼거리에서 왼쪽으로 100미터쯤 가세요.
은행 뒤에 우체국이 있어요.
유　키: 감사합니다.

2 그림을 보고 보기 와 같이 이야기하십시오.

보기

마크: 눈이 오는군요.
리나: 내일도 눈이 올 것 같아요.
마크: 그래요? 그럼 내일 같이 스키 타러 갈까요?
리나: 좋아요. 그런데 마크 씨는 스키를 정말 좋아하는 것 같아요.
마크: 네, 저는 눈을 맞으면서 스키를 타면 너무 기분이 좋아요.
리나: 그렇군요.

길　정류장　삼거리　미터　눈　눈을 맞다

3 다음 질문으로 친구와 이야기하십시오. 그리고 보기 와 같이 쓰고 발표하십시오.

- 어느 계절을 좋아하세요? ________이/가 되면 뭘 하고 싶어요?
- 오늘 날씨가 ________군요. 같이 ________으면서/면서 ________을까요?/ㄹ까요?

- ________씨 고향은 요즘 날씨가 어떨 것 같아요?
- ________씨 고향이 어디예요? 공항에서 고향 집까지 어떻게 가요?
- 고향 집 근처에 무엇이 있어요?
- 고향에 돌아가서 어디에 제일 먼저 가고 싶어요?
- 거기에 가서 뭘 하고 싶어요?

보기

저는 눈이 오는 겨울을 좋아합니다. 겨울이 되면 스키장에 가서 스키를 탈 수 있습니다. 눈을 맞으면서 스키를 타면 기분이 아주 좋습니다. 지금 제 고향은 여름입니다. 제 고향 근처에 바다가 있습니다. 그래서 여름이 되면 사람들은 바다에 가서 수영을 합니다. 지금 제 친구들은 바다에서 수영을 할 것 같습니다. 저도 고향에 가서 친구들과 같이 수영을 하고 싶습니다.

계절 되다 돌아가다 제일 먼저

문화

한국의 도로명

'주말에 어디에서 만날까요?' '을지로에서 만납시다.'

여기서 약속 장소인 '**을지로**'는 고구려의 유명한 장군인 '**을지문덕**'의 성을 따서 만든 도로명입니다. 이처럼 한국의 도로명 중에는 나라를 위해 목숨을 바쳤거나 훌륭한 업적을 남긴 위인들의 이름을 따서 그들을 오랫동안 기억하고 그 뜻을 이어받고자 지정한 길들이 있습니다.

도로명	유래
세종로	한글을 창제한 조선의 제4대 왕 **세종 대왕**의 이름을 따서 만든 도로명
율곡로	오천원권 화폐 인물인 조선 시대 대표적 유학자 **율곡 이이** 선생의 호를 따서 만든 도로명
퇴계로	천원권 화폐 인물인 조선 시대 대표적 유학자 **퇴계 이황** 선생의 호를 따서 만든 도로명
충무로	조선 시대 장군으로 임진왜란에서 큰 공을 세운 **충무공 이순신**의 호를 따서 만든 도로명
을지로	수나라 30만 대군을 살수에서 전부 몰살시켜 강대했던 수나라를 멸망에 이르게 한 고구려의 영웅 **을지문덕** 장군의 성을 따서 만든 도로명
충정로	조선 말기 문신으로 나라를 위해 순국한 **충정공 민영환**의 호를 따서 만든 도로명

19과 여행

1. 저는 이번 방학에 한국에서 여행을 하려고 해요

• 학습목표: 여행 계획을 이야기할 수 있다.

Ⅰ. 준비해 봅시다

- 이 사람들은 여행을 가서 어디에서 잤어요?
- 여러분은 이번 방학에 여행 계획이 있어요?

I. 이야기해 봅시다

1 그림을 보고 보기 와 같이 여행 계획을 세우십시오.

보기

노라: 흐엉 씨, 이번 방학에 같이 여행을 갈까요?
흐엉: 좋아요. 어디에 갈까요?
노라: 일본이 가깝고 값도 비싸지 않은데 일본에 가는 게 어때요?
흐엉: 일본요? 그럼 오사카에 가는 게 어때요?
노라: 저도 오사카에 가고 싶었어요.
여기저기 구경도 많이 하고 맛있는 오사카 음식도 많이 먹어요.
흐엉: 그럽시다. 언제 갈까요?
노라: 이번 학기가 끝나면 5월 22일부터 25일까지 가는 게 어때요?
흐엉: 괜찮아요. 어디에서 잘까요?
노라: 호텔이나 민박집에서 자는 게 어때요?
흐엉: 좋아요. 인터넷으로 예약합시다.

런던 여기저기 민박 예약하다

2 보기 와 같이 친구와 여행 계획을 이야기하십시오.

보기

에릭: 노라 씨, 이번 방학에 뭘 할 거예요?
노라: 일본에 여행을 가려고 해요.
에릭: 일본 어디에 갈 거예요?
노라: 오사카에 가려고 해요.
에릭: 누구하고 같이 가려고 해요?
노라: 반 친구 흐엉 씨하고 같이 가려고 해요.
에릭: 언제 가려고 해요?
노라: 이번 학기가 끝나면 5월 22일부터 25일까지 가려고 해요.
에릭: 어디에서 잘 거예요?
노라: 호텔이나 민박집에서 자려고 해요.

III. 써 봅시다

여러분이 반 친구 나라에 여행을 가려고 합니다. 보기 와 같이 이야기하십시오.

보기

올리비아: 윤아 씨, 저는 이번 방학에 부모님과 같이 한국에서 여행을 할 거예요. 제주도나 부산에 가려고 해요. 어디가 더 좋아요?

윤　　아: 제주도에 가는 게 어때요? 경치가 아름답고 볼 게 아주 많아요.

올리비아: 그럼 어디에서 자면 좋아요?

윤　　아: 펜션에서 자는 게 어때요? 예쁘고 깨끗한 펜션이 많아요. 그리고 값도 싸요.

올리비아: 제주도에서 어디를 구경하면 좋아요?

윤　　아: 성산 일출봉과 우도에 가는 게 어때요? 경치가 아주 아름다워요.

올리비아: 무슨 음식을 먹으면 좋아요?

윤　　아: 생선회를 먹는 게 어때요? 사람들이 모두 좋아해요.

올리비아: 제주도에서 무슨 선물을 사면 좋아요?

윤　　아: 돌로 만든 할아버지 인형과 초콜릿이 인기가 있는데 그것을 사는 게 어때요?

올리비아: 알려 줘서 정말 고마워요.

여행 계획에 대해서 보기 와 같이 쓰고 발표하십시오.

보기

저는 이번 방학에 부모님과 같이 한국에서 여행을 할 거예요.
제주도를 일주일쯤 여행하**려고 합니다**.
제주도에 가면 예쁘고 깨끗한 펜션에서 자**려고 합니다**.
제주도에서 경치가 아름다운 성산 일출봉과 우도를 구경할 거예요.
그리고 제주도에서 흑돼지고기를 먹**으려고 합니다**.
돌로 만든 할아버지 인형과 초콜릿 선물도 사**려고 합니다**.

펜션　성산 일출봉　우도　생선회　돌　인형　인기

19과

여행

2. 흐엉 씨는 지금 면세점에서 쇼핑하고 있어요

• 학습목표: 여행 준비에 대해서 이야기할 수 있다.

Ⅰ. 준비해 봅시다

- 사람들이 공항에서 무엇을 합니까?
- 여러분은 공항에 가면 무엇을 합니까?

I. 이야기해 봅시다

1 여행 준비 목록을 보고 보기 와 같이 이야기하십시오.

여행 준비 목록

1. 여권
2. 비행기표
3. 호텔예약
4. 돈 바꾸기
5. 약
6. 선글라스
7. 충전기
8. 우산
9. 여행가이드북
10. 휴대전화로밍

보기

마크: 리나 씨, 여행 준비를 다 했어요?

리나: 아니요, 아직 다 못 했어요.

마크: 뭘 못 했어요?

리나: 돈을 못 바꿨어요.

2 그림을 보고 보기 와 같이 이야기하십시오.

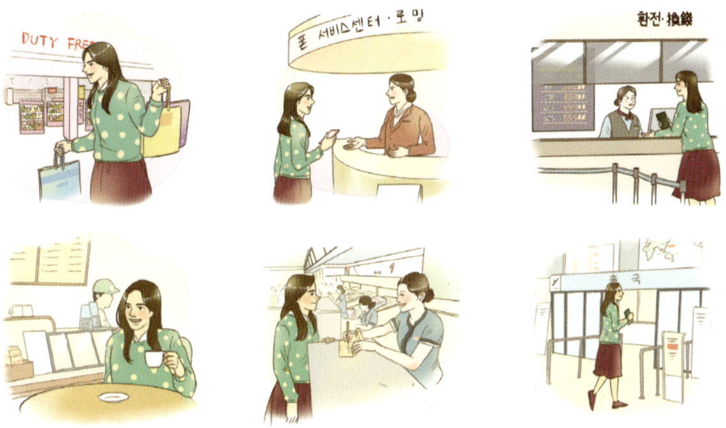

보기

마크: 리나 씨, 늦어서 미안해요.

리나: 아니에요. 비행기 출발 시간까지 시간이 많아요.

마크: 그런데 흐엉 씨는 어디에 있어요?

리나: 흐엉 씨는 지금 면세점에서 쇼핑하고 있어요. 우리도 갑시다.

충전기 우산 가이드북 로밍 아직 선글라스 예약 늦다

그림을 보고 사람들이 무엇을 하고 있는지 쓰십시오.

연습하기

이것은 공항에서 찍은 사진입니다. 흐엉 씨가 면세점에서 쇼핑을 하**고 있습니다.** 에릭 씨는 ______________________

____

____

____

____

III. 써 봅시다

다음 출입국 신고서를 보기 와 같이 쓰십시오.

대한민국 입국신고서 ARRIVAL CARD /REPUBLIC OF KOREA

한글이름 SURNAME	漢字姓名
홍 길 동	洪 吉 童
GIVEN NAMES	
HONG KIL DONG	
생년월일 DATE OF BIRTH 년 Year 월 Month 일 Day / 주민등록 뒷번호	남 MALE ☑ 여 FEMALE ☐
1 2 3 4 5 6 / 1 2 3 4 5 6 7	
국적 NATIONALITY	여권번호 PASSPORT NO.
대한민국	BS1234567
한국내 주소 · 전화번호 ADDRESS & PHONE NO. IN KOREA	
서울시 강남구 청담동 92-3	
직업 · 직장명 OCCUPATION	여행목적 PURPOSE OF VISIT
회사원	귀국
출발지 DEPARTED FROM	편명 FLIGHT NO./SHIPS NAME
미국	KE 123
공용란 Official Use Only 번호 KE 0388837 E	서명 SIGNATURE

대한민국 출국신고서 DEPARTURE CARD /REPUBLIC OF KOREA

한글이름 SURNAME	漢字姓名
홍 길 동	洪 吉 童
GIVEN NAMES	
HONG KIL DONG	
생년월일 DATE OF BIRTH 년 Year 월 Month 일 Day / 주민등록 뒷번호	남 MALE ☑ 여 FEMALE ☐
1 2 3 4 5 6 / 1 2 3 4 5 6 7	
국적 NATIONALITY	여권번호 PASSPORT NO.
대한민국	BS1234567
한국내 주소 · 전화번호 ADDRESS & PHONE NO. IN KOREA	
서울시 강남구 청담동 92-3	
직업 · 직장명 OCCUPATION	여행목적 PURPOSE OF VISIT
회사원	여행
목적지 DEPARTED	편명 FLIGHT NO./SHIPS NAME
대한민국	KE 456
공용란 Official Use Only 번호 KE 0388837 E	서명 SIGNATURE

연습하기

대한민국 입국신고서 ARRIVAL CARD /REPUBLIC OF KOREA

한글이름 SURNAME	漢字姓名
GIVEN NAMES	
생년월일 DATE OF BIRTH 년 Year 월 Month 일 Day / 주민등록 뒷번호	남 MALE ☐ 여 FEMALE ☐
국적 NATIONALITY	여권번호 PASSPORT NO.
한국내 주소 · 전화번호 ADDRESS & PHONE NO. IN KOREA	
직업 · 직장명 OCCUPATION	여행목적 PURPOSE OF VISIT
출발지 DEPARTED FROM	편명 FLIGHT NO./SHIPS NAME KE
공용란 Official Use Only 번호 KE 0388837 E	서명 SIGNATURE

대한민국 출국신고서 DEPARTURE CARD /REPUBLIC OF KOREA

한글이름 SURNAME	漢字姓名
GIVEN NAMES	
생년월일 DATE OF BIRTH 년 Year 월 Month 일 Day / 주민등록 뒷번호	남 MALE ☐ 여 FEMALE ☐
국적 NATIONALITY	여권번호 PASSPORT NO.
한국내 주소 · 전화번호 ADDRESS & PHONE NO. IN KOREA	
직업 · 직장명 OCCUPATION	여행목적 PURPOSE OF VISIT
목적지 DEPARTED	편명 FLIGHT NO./SHIPS NAME KE
공용란 Official Use Only 번호 KE 0388837 E	서명 SIGNATURE

20과 방학과 휴일

1. 저는 방학에 중국에 가겠습니다

• 학습목표: 방학에 할 일을 이야기할 수 있다.

Ⅰ. 준비해 봅시다

- 사람들이 무엇을 합니까?
- 여러분은 방학에 무엇을 하려고 합니까?

Ⅰ. 이야기해 봅시다

1 보기 와 같이 이야기하십시오.

보기

존 : 여러분, 우리 점심을 먹기 전에 장기 자랑을 할까요?

에릭: 네, 좋아요.

존 : 에릭 씨, 무엇을 하시겠습니까?

에릭: 저는 노래를 하겠습니다.

장기 자랑

2 보기 와 같이 이야기하십시오.

방학 계획표

보기

에릭: 유키 씨, 방학을 잘 보냈어요?

유키: 네, 잘 보냈어요. 에릭 씨도 방학을 잘 보냈지요?

에릭: 네, 저는 이번 방학에 운동을 열심히 했어요.
날마다 아침을 먹기 전에 운동을 했어요.

유키: 저는 이번 방학에 여행을 많이 했어요. 구경을 많이 하고 사진도 많이 찍었어요.

단어 구경 계획표

III. 써 봅시다

보기 와 같이 방학에 할 일을 쓰고 발표하십시오.

- 방학에 할 일

1. 중국여행
 (친구 만나기, 구경하기)
2. 러시아 여행
 (발레보기)
3. 한국말 열심히 공부하기
4. 2급 단어 공부하기

보기

저는 이번 방학에 고향에 가지 않을 거예요. 여행을 할 계획입니다. 저는 방학에 중국에 가**겠습니다**. 중국에서 친구를 만나고 구경을 많이 하**겠습니다**. 그리고 러시아에도 가**겠습니다**. 러시아에서 발레를 보고 싶습니다. 서울에 돌아온 후에 한국말을 열심히 공부하**겠습니다**. 다음 학기가 시작되**기 전에** 2급에서 배울 단어를 공부하**겠습니다**. 이번 방학을 잘 보내고 싶습니다.

- 방학에 할 일

1.
2.
3.
4.

연습하기

발레 돌아오다 시작되다 급

20과 방학과 휴일

2. 경치가 아름답지 않아요?

• 학습목표: 휴일에 대해서 이야기할 수 있다.

Ⅰ. 준비해 봅시다

- 오늘이 무슨 날이에요?
- 여러분 나라에 어린이날이 있어요?

이야기해 봅시다 1 보기와 같이 이야기하십시오.

보기

마크: 설날이 몇 월 며칠이에요?

하늘: 음력 1월 1일이에요.

마크: 한국 사람들은 설날에 뭘 해요?

하늘: 어른들께 세배를 해요. 떡국도 먹고요.

설날 음력 어른 세배 떡국

2 그림을 보고 보기 와 같이 이야기하십시오.

보기

주앙: 경치가 아름답지 않아요?

노라: 네, 아름다워요. 공기도 깨끗하고요.

주앙: 다음 휴일에 또 올까요?

노라: 네, 그럽시다.

휴일

Ⅲ. 써 봅시다

여러분 나라에서는 언제 가족들이 만납니까? 보기 와 같이 친구와 이야기하십시오.

보기

우진: 노라 씨, 언제 가족들이 모두 만나요?
노라: 크리스마스에 가족들이 모두 만나요.
우진: 크리스마스에 만나면 뭘 해요?
노라: 가족들이 선물을 주고 받아요. 크리스마스트리도 만들고요.
우진: 노르웨이 겨울은 춥지 않아요?
노라: 네, 추워요. 그렇지만 가족들하고 같이 놀면 재미있어요.

보기 와 같이 휴일에 하는 일을 쓰고 발표하십시오.

보기

제목: 크리스마스

노르웨이에서는 크리스마스에 먼 곳에 사는 가족들이 모두 고향에 가요. 크리스마스에 가족들이 선물을 주고 받아요. 크리스마스트리도 만들**고요**. 그리고 저녁에 가족들과 같이 식사를 해요. 우리 어머니는 크리스마스에 맛있는 음식을 많이 만드세요.
올해도 저는 크리스마스에 고향에 가서 가족들과 놀 거예요. 맛있는 음식도 많이 먹**고요**.

크리스마스트리　　제목

1 그림을 보고 보기 와 같이 이야기하십시오.

보기

존 : 유키 씨, 지금 뭘 드세요?
유키: 김치찌개를 먹고 있어요.
존 : 김치찌개가 맵지 않아요?
유키: 좀 맵지만 맛있어요. 저는 김치찌개를 아주 좋아해요.
존 : 학교 앞에 김치찌개가 맛있는 식당이 있는데 같이 갈까요?
유키: 좋아요. 다음 학기가 시작되기 전에 같이 갑시다.

드시다

2 표를 보고 보기 와 같이 이야기하십시오.

친구	방학 계획	나의 조언	
흐엉	한국 요리 배우기	연세 백화점 요리 수업	• 학교에서 가깝다 • 값이 싸다
에릭	친구와 여행하기	스키 여행	• 한국에 스키장이 많다 • 값이 비싸지 않다
호세	아르바이트 하기	커피숍 아르바이트	• 커피숍 아르바이트가 많다 • 한국말을 연습할 수 있다
노라	태권도 배우기	학교 앞 태권도장	• 외국 학생이 많다 • 선생님이 영어를 잘 한다

보기

유키: 방학에 뭘 할 거예요?
흐엉: 한국 요리를 배우려고 해요.
유키: 어디에서 배우려고 해요?
흐엉: 아직 좋은 곳을 못 찾았어요. 좋은 곳이 있으면 말해 주세요.
유키: 연세 백화점 요리 수업에서 배우는 게 어때요?
연세 백화점은 학교에서 가까워요. 값도 싸고요.
흐엉: 그래요? 고마워요.

태권도장

3 다음 질문으로 친구와 이야기하고 보기 와 같이 쓰십시오. 쓴 후에 발표하십시오.

- ______ 씨, 크리스마스에/설날에 고향에 가지요?
- 고향에 가면 뭘 하고 싶어요?
- 사람들이 크리스마스에/설날에 바쁘지 않아요?

- ______ 씨 나라 사람들은 크리스마스에/설날에 무슨 음식을 먹어요?
- ______ 씨, 그 음식을 만들 수 있어요?
- ______ 씨 가족들은 크리스마스에/설날에 무엇을 같이 해요?
- ______ 씨, 이번 크리스마스에/설날에 부모님께 무슨 선물을 드릴 거예요?

보기

저는 이번 설날에 고향에 가겠습니다. 고향에 가면 가족들과 재미있는 시간을 보내고 싶습니다. 고향 친구들과 술도 마시고요.
설날이 되면 사람들이 바쁩니다. 집 청소도 하고 음식도 많이 만들어야 합니다. 선물도 사야 하고요.
우리나라 사람들은 설날에 만두를 만들어서 먹습니다. 우리 어머니도 만두를 잘 만드십니다. 그렇지만 저는 만두를 잘 못 만듭니다.
설날에 우리 가족들은 같이 게임을 하고 영화도 봅니다. 저는 이번 설날에 부모님께 화장품을 선물하려고 합니다. 고향에 가기 전에 백화점에서 선물을 사겠습니다.

집 청소　　만두　　선물하다

문화

한국의 명절

한국의 전통 명절은 많습니다.
그렇지만 현대의 한국 사람들이 지키는 큰 전통 명절은 **설날**과 **추석**입니다.
설날은 새해가 시작되는 음력 1월 1일이고 **추석**은 음력 8월 15일입니다.
추석은 가을에 추수가 끝난 후에 풍성한 수확을 거두게 해 준 조상에게 감사를 드리는 날이며 다른 말로 '**한가위**'라고도 합니다.
설날에는 '**새해 복 많이 받으십시오.**'라고 인사를 하고, **추석**에는 '**풍성한 한가위 보내세요**' 또는 '**행복한 추석을 보내세요**' 라고 인사합니다.

부록

색인

색인

어휘 색인

ㄷ

ㄹ

ㅁ

ㅂ

ㅅ

ㅍ

ㅎ